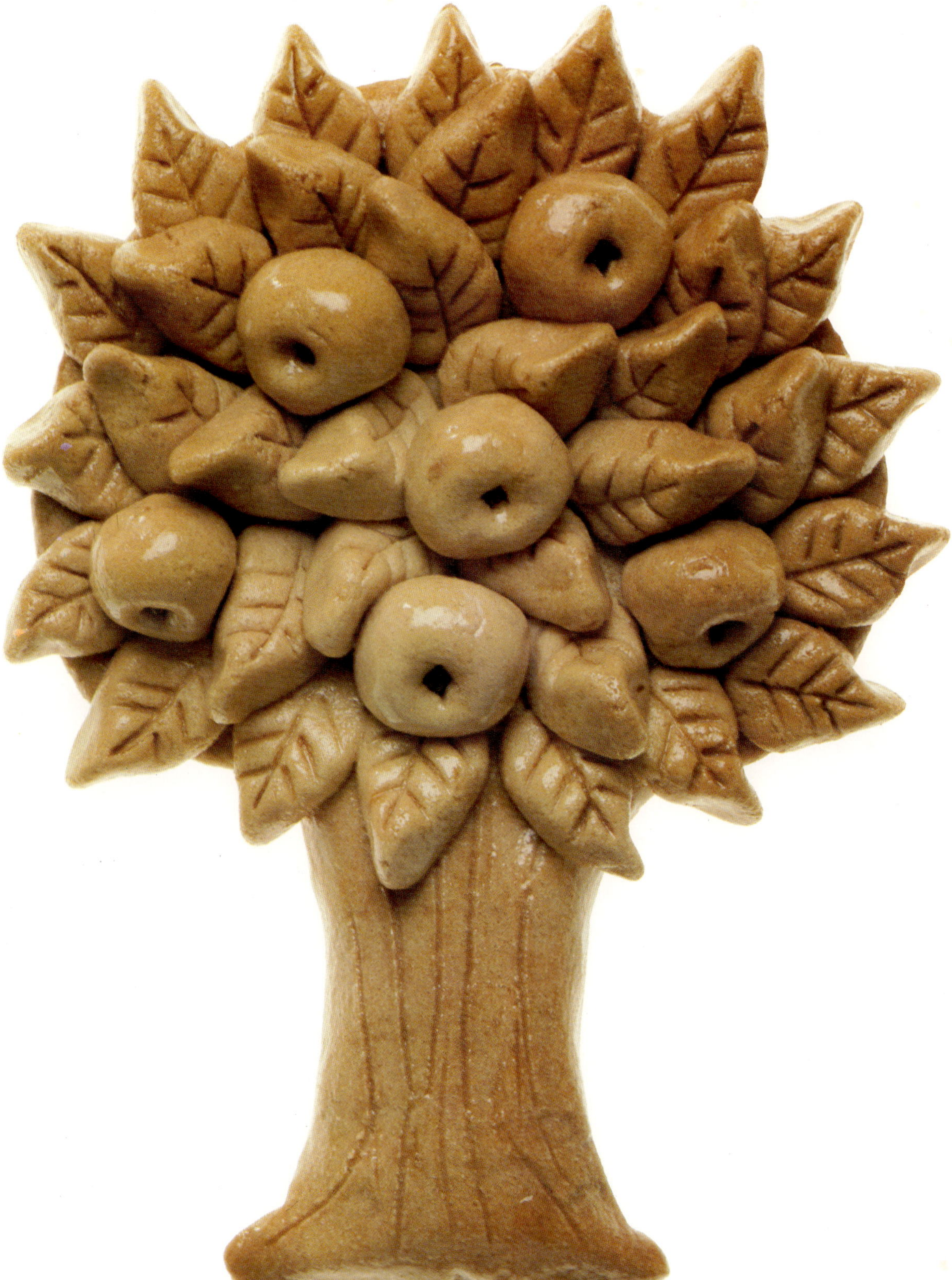

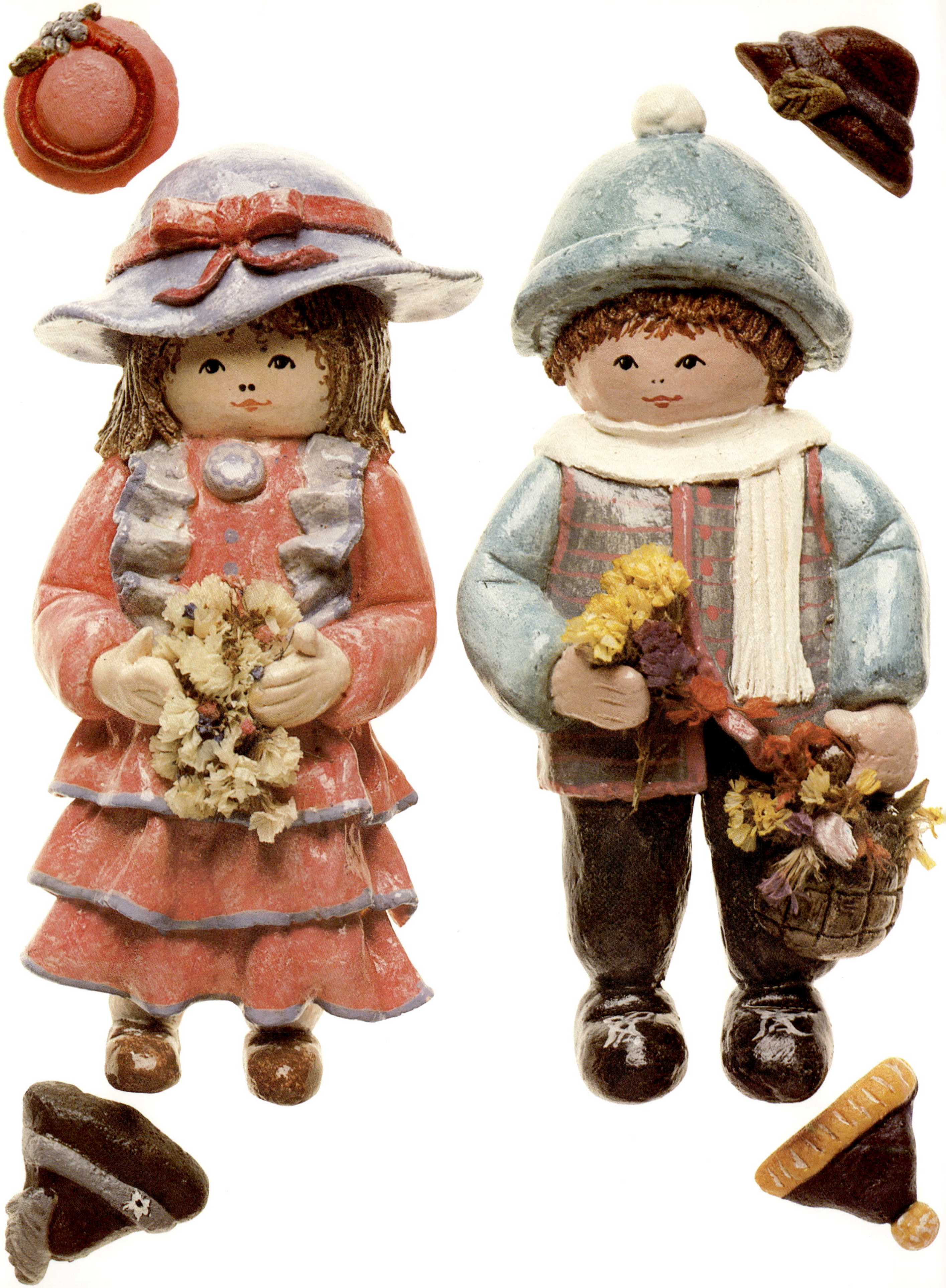

Gestalten mit Salzteig

unter Mitarbeit von

Gabriele Cilliari · Maria Finke · Raina Friebe · Gabriele Fritz
Bärbel Hagelüken · Doris Hofer · Isolde Kiskalt · Sieglinde Korell
Mechthild Kuhlmann · Gitti Mack · Jutta Maier · Irmi Martin · Dorothea Popanda
Anne-Marie Rahn · Birgit Riehn · Gela Rosenkranz · Sieglinde Schatz
Gertraud Schulz · Sibylle Teuber · Bertold Vetter · Christina Volk
Herta Wagner · Andrea und Horst Wegener

BASSERMANN

Inhalt

Materialien und Arbeitsmittel	6
Die Salzteigmischungen	8
Die Salzteigverarbeitung	11
Verschiedene Trocknungsverfahren	12
Das Bräunen	13
Das Bemalen	15
Das Lackieren	15
Verschiedene Gestaltungstechniken	16
Ausschneiden nach Schablone	17
Das Arbeiten mit Hilfsmitteln	18
Das Herstellen von Teigsträngen	22
Das Herstellen von Blättern	26
Das Herstellen von Blüten	27
Modellanregungen	30
Schablonen	74

<u>Salzteig für Fortgeschrittene</u>	81
Teigverarbeitung	82
<u>Das Herstellen von</u> <u>groben und feinen Strukturen</u>	84
Die Kreta-Struktur	86
Korbmuster	87
Marmorieren	88
Zusammenfügen von Modellteilen	89
Herstellen von Stacheln	90
Herstellen von Stützhütchen	91
Hohle Salzteigmodelle	92
Das Gestalten von Reliefs und Wandbildern	94
Das Herstellen von Bilderrahmen	96
Der Aufbau von Figuren	98
Der Aufbau von Skulpturen	100
Vom Umgang mit Pflanzen	102
Gestalten mit Naturmaterialien	106
<u>Modellanregungen</u>	108
<u>Kreatives Gestalten mit Salzteig</u>	131

Materialien und Arbeitsmittel

Das Mehl

Beim Vermahlen des Getreides entstehen unterschiedliche Gewichtsmengen (Ausmahlungsgrade) bezogen auf 100 g Korn. Um diesen Ausmahlungsgrad genau feststellen zu können, wird das Mehl verbrannt und die zurückbleibende Asche, die aus Mineralien besteht, gemessen.

So enthalten beispielsweise:
100 g Weizenmehl der Type 405 = 405 mg Mineralstoffe,
100 g Roggenmehl der Type 815 = 815 mg Mineralstoffe.
Daran erkennt man, daß helles Mehl einen niedrigen Ausmahlungsgrad (niedrigen Mineralstoffgehalt), dafür aber einen hohen Stärkegrad hat. Dagegen hat dunkles Mehl einen hohen Ausmahlungsgrad (einen hohen Eiweiß- [Kleber], Mineralstoff- und Vitaminanteil).
Für die Salzteigverarbeitung eignet sich deshalb Weizenmehl besser als Roggenmehl, da durch den hohen Kleberanteil im Roggenmehl die Poren mehr aufgehen und der Trockenvorgang wesentlich länger dauert.

Das Salz

Man kann das preiswerteste Salz verwenden, sofern es nicht zu grobkörnig ist. Feines Salz läßt sich leichter verarbeiten; eventuell kann grobes Salz in einem elektrischen Zerkleinerer verfeinert werden.

TIP: Eine alte Kaffeemühle mit Messerchen kann zum Zerkleinern von grobem Salz verwendet werden. Sie sollte deshalb alt sein, weil die Messerchen durch die harten Salzkristalle stumpf werden.

Der Arbeitsplatz und die Hilfsmittel

Die Zimmertemperatur und die Hände sollten nicht zu warm sein (um 20°C), da der Teig sonst zu weich wird und sich schlecht bearbeiten läßt.

Bereit stehen oder liegen sollten:
Mehl (Weizen, Roggen), Salz, Wasser (kalt), Pinsel, Wellholz, Schaschlikstäbchen, Zahnstocher, Modellierstäbchen, kleines Küchenmesser, Gabeln, Taschenkamm, Backförmchen, runde und sternförmige Tüllen, Kaffeesieb, Knoblauchpresse, Schraubverschlüsse von Wasserflaschen, Teigrädchen und andere originelle Dinge, mit denen phantasievolle Muster in den Teig gedrückt werden können.

TIP: Eine Brief- oder eine Backwaage, die für kleine Mengen (20 g) geeignet ist, und ein Lineal helfen, vorgeschriebene Gewichte sowie Größen einzuhalten.

Die Salzteigmischungen

Salzteig aus Weizenmehl

Je nachdem, was modelliert werden soll, bereitet man den Teig mit mehr Mehl oder Wasser zu: Krümelt der Teig, gibt man noch Wasser hinzu, bleibt er an den Händen kleben, muß Mehl hinzugefügt werden.

Die Teil- beziehungsweise Tassenangabe ist ein Volumenmaß, das nicht mit Grammangaben gleichgesetzt werden darf:

1 Tasse Mehl wiegt etwa 100 g
1 Tasse Salz wiegt etwa 200 g

> „Meinen Salzteig" mische ich folgendermaßen:
> 2 Tassen Weizenmehl (etwa 200 g Weizenmehl)
> 1 Tasse Salz (etwa 200 g Salz)
> 3/4 Tasse Wasser (etwa 125 ml Wasser)

TIP: Mit etwa 1–2 Teelöffeln Metylan Tapetenkleister kann der Teig feucht-elastisch hergestellt werden. (Metylan Tapetenkleister unter die trockenen Zutaten mischen oder angerührt unterkneten bei reduzierter Wassermenge.)

Hat man „seinen" Salzteig herausgefunden, sollte man sich dieses Rezept aufschreiben.

TIP: Für Kinder sollte der Teig trockener zubereitet werden, da er durch ihre warmen Hände sonst zu weich wird.

Salzteig aus Roggenmehl

Roggenmehl verleiht rustikalen Salzteigmodellen einen schönen Braunton.

Teigmischung:
3 Tassen Weizenmehl (etwa 300 g Weizenmehl)
1 Tasse Roggenmehl (etwa 100 g Roggenmehl)
2 Tassen Salz (etwa 400 g Salz)
1 1/2 Tassen Wasser (etwa 250 ml Wasser)

Salzteigmodelle aus Roggenmehl erst einige Tage (pro 1/2 cm etwa 1 Woche) an der Luft trocknen lassen; dann sehr langsam weiter im Backofen trocknen.

TIP: Die Mischung aus Weizen- und Roggenmehl ergibt einen Teig, der sich gut verarbeiten läßt. Teig, der nur aus Roggenmehl besteht, ist zu fest und läßt sich daher schwer modellieren.

Da der Teig sehr schwer ist, stimmen die Gewichtsangaben für die Modelle nicht ganz; man sollte also immer etwas mehr Roggensalzteig zubereiten.

Die Teigzubereitung

Damit der Salzteig beim Modellieren nicht reißt oder bröselig wird, muß er vor der Weiterverarbeitung gut durchgeknetet werden, bis er geschmeidig ist.

TEIGFÄRBEN

Zu der fertig gemischten Salzteigmenge aus Weizenmehl kann tropfenweise Lebensmittelfarbe gegeben werden. Wenn man nur eine Farbe herstellen will, sollte man die Farbe gleich unter das Mehl-Salz-Wasser-Gemisch mengen, ansonsten wird der fertig geknetete Teig in so viele Teile geteilt, wie man färben möchte.

TIP: Beim Teigfärben zunächst aus der entsprechenden Teigmenge eine Kugel formen und in die Mitte eine Delle drücken. Die gewünschte Menge Speisefarbe in die Vertiefung tröpfeln und den Teig vorsichtig darüber zusammendrücken. Nun so lange kneten, bis der Teigkloß gleichmäßig gefärbt ist.

Auf 100 g Teig:

2 Tropfen Blau

5 Tropfen Rot

2 Tropfen Gelb

2 Tropfen Grün

Lila: 3 Tropfen Rot und 1 Tropfen Blau.

Für Braun genügt 1 gestrichener Teelöffel Kakao (bei Bedarf Wasser hinzufügen). Brauntöne erreicht man auch durch Hinzugabe von Instantkaffee, der vorher in wenig Wasser aufgelöst wurde.

Die Salzteigverarbeitung

Das Modellieren

Es ist empfehlenswert, gleich auf dem Backblech zu modellieren, die Rückseite des Modells wird dadurch glatt, und es entstehen keine Schäden durch den Transport vom Arbeitsplatz zum Backblech.

Das Backblech sollte zuerst mit einem feuchten Pinsel bestrichen werden, bevor man mit dem Modellieren beginnt, damit sich zwischen Teig und Backblech keine Luftblasen bilden. Je dichter der Teig mit dem Backblech verbunden ist, um so glatter wird später die Rückseite.

TIP: Teigreste luftdicht in Alufolie oder Plastikbehältern aufbewahren, aber nicht im Kühlschrank! Besser ist es jedoch, wenn man nur kleine Mengen Teig zubereitet und sie am selben Tag verarbeitet.

Das Trocknen und Backen

Eigentlich halte ich das Trocknen für das wichtigste Kapitel, denn wenn man es geschafft hat, etwas Schönes zu modellieren, und durch zu schnelles oder falsches Backen alles platzt, ist das wirklich sehr enttäuschend.

Beim Trockenvorgang beginnt man zuerst mit Oberhitze, bis die Oberfläche weiß ist. Sie kann sich dann nicht mehr verformen.

Danach sollte das Backblech auf die mittlere Einschubleiste geschoben werden. Weitere Oberhitze wäre nur bei einer gewünschten Bräunung nötig.

Wenn das Modell leichte Wölbungen zeigt, das heißt sich vom Backblech nach oben „bewegt", ist das ein Zeichen, daß die Temperatur zu hoch ist. Schaltet man nicht zurück, erhält man Risse auf der Rückseite des Modells.

Verschiedene Trocknungsverfahren

1. Lufttrocknen: braucht lange, kostet dafür aber keinen Strom. Die Modelle bekommen Dellen auf der Rückseite. Der weiche Teig zieht sich nach innen, weil durch den Trocknungsvorgang das Wasser gewichen ist – man rechnet für 1 mm Dicke etwa 1 Tag Lufttrocknen.
Im Sommer kann die Sonnenwärme für den Trocknungsvorgang genutzt werden. Die modellierten Teile dazu einfach in die Sonne legen.

2. Trocknen im Backofen (Weißblech):
Backzeiten für den **Elektroherd** (Weißblech):
Meine Faustregel:
Pro 1/2 cm Dicke – 1 Stunde bei 75° C
dann weiterbacken unabhängig von der Dicke:
1/2 Stunde bei 100° C
1/2 Stunde bei 125° C
1 Stunde bei 150° C
Bräunen bei 200° C – überwachen!
HINWEIS: Bei Schwarzblech jeweils 25° C niedriger schalten, da das Blech heißer wird.

Im **Gasherd** braucht man nur die Hälfte der Backzeit des Elektroherdes!
Beispiel: Ist ein Kranz im Elektroherd in 6 Stunden fertig gebacken, so braucht man für den gleichen Kranz im Gasherd nur 3 Stunden! Man muß im Gasherd allerdings die Temperatur durch Öffnen der Ofentür regulieren:
Zum Beispiel: 1 Stunde halboffene Tür,
1 Stunde vierteloffene Tür,
1 Stunde geschlossene Tür.

Diese Zeiten gelten alle für die niedrigste Einstellung des Gasherdes (ca. 140° C).
Zum Bräunen wird auf Stufe 2 eingestellt.
HINWEIS: Schließt man die Ofentür gleich, entstehen unschöne Blasen in den Modellen.
3. Kombiniertes Trocknen: Hierbei läßt man die modellierten Teile erst einige Tage an der Luft trocknen und setzt dann den Trocknungsvorgang im Backofen fort. Diese Art des Trocknens ist besonders günstig für dicke Teile, z.B. bei Kränzen und vergleichbaren Modellen.
4. Trocknen im Heißluftherd oder Heißluftgrill. Hier kann man nach obigen Angaben trocknen bzw. backen. Die Stromkosten sind geringer, da mehrere Backbleche zur gleichen Zeit benutzt werden können. Im Heißluftgrill (Tischgerät) spart man Strom, da nur ein kleiner Raum beheizt wird.
5. Mikrowelle: fürs Trocknen nicht geeignet.

Woran erkennt man, ob die Teile völlig trocken sind?

Dazu mit dem Zeigefinger auf die Oberseite klopfen. Klingt es dumpf, ist das Modell innen noch feucht und sollte im Ofen bleiben; klingt es tönern, ist das Modell trocken.

Hat sich ein modelliertes Teil bereits vom Backblech gelöst, kann man es auf einen Küchenhandschuh legen und von unten beklopfen.

Die Trocknungszeiten für gefärbte Salzteig-modelle von 1/2 cm Dicke:

1 Stunde bei   50° C
1/2 Stunde bei   75° C
1/2 Stunde bei 100° C
1 Stunde bei 125° C

Die erste Stunde bei 50° C verlängert sich wieder je nach Dicke des Modells.

WICHTIG: Modelle aus gefärbtem Teig (außer Kakao) sollten nicht höher als bei einer Temperatur von 125° C gebacken werden, da sich sonst die Farben verändern.

HINWEIS: Mein sehr langsames Trocken- beziehungsweise Backverfahren hat den Erfolg, daß nach dieser Methode alle Teile vollkommen hart und innen trocken aus dem Ofen kommen, ohne zu reißen.

Das Bräunen

Nachdem man sich überzeugt hat, daß die Teile trocken sind, wird die Temperatur im Backofen auf 200° C geschaltet. Am besten bleibt man in der Nähe, um den gewünschten Bräunungsgrad zu erreichen. Durch das spätere Lackieren kommt die Brauntönung noch wesentlich stärker zum Vorschein.
Wenn beim Bräunen einige Stellen eines Modells schon sehr dunkel geworden sind, deckt man sie während des weiteren Vorgangs mit Alufolie ab.

TIP: Wenn man nicht sicher ist, wie weit die Bräunung fortgeschritten ist, können mit einem feuchten Pinsel vorsichtig helle und dunkle Stellen bestrichen werden. Dann sieht man, wie die Bräunung nach dem Lackieren wird.

13

Farbwirkung durch Backen und Glasieren

Man kann die Oberflächen der Modelle auch ohne Farben verschieden gestalten.

Der Laugeneffekt: Die Modelle in der letzten Stunde im Backofen bei 150° C mit Rübensirup-Wasser-Gemisch überpinseln.

Gleichmäßige Farbe in Beige-Braun durch eine „Salzglasur": Die Teile im Ofen während der letzten Stunde bei 150° C mehrmals mit Salzwasser überpinseln – bei Wunsch nach stärkerer Bräunung auf 200° C hochschalten und die Salzglasur dann bei der gewünschten Bräune herstellen.

HINWEIS: Da durch das Auflösen der Salzkristalle an der Oberfläche eine „Salzglasur" entsteht, brauchen die so behandelten Teile später kaum noch lackiert zu werden.

Aussehen wie Hefegebäck: In der letzten Stunde im Backofen bei 150° C erst auf den Modellen eine leichte Salzglasur herstellen; dann entweder mit Milch-Wasser-Gemisch oder Eidotter-Wasser-Gemisch überpinseln. Je nach Wunsch der Brauntönung die Temperatur auf 200° C hochschalten.

Weiß: Die Oberfläche bleibt weiß beim Lufttrocknen oder beim Trocknen im Backofen bei einer Temperatur, die nicht höher als 125° C sein darf.

Milch-Wasser-Gemisch

Eidotter-Wasser-Gemisch

Das Bemalen

Um leuchtende Farben und eine glatte Oberfläche zu bekommen, sollte man die zu bemalenden Teile erst grundieren. Man kann dazu Deckweiß oder weiße Fassadenfarbe verwenden, die mit einem Borstenpinsel aufgetragen wird. Für das eigentliche Buntmalen verwendet man am besten Wasserfarben.

HINWEIS: Zeigen sich nach dem Trocknen der Farben Risse an der Oberfläche, läßt das darauf schließen, daß die Farben entweder zu dick aufgetragen wurden, oder aber, daß sich diese Farben nicht mit dem Salzteig vertragen. In diesem Falle sollte man auf andere Fabrikate ausweichen.

Das Lackieren

Es gibt verschiedene Klarlacke: dünnflüssige Lacke (z.B. Plaka Klarlack oder Zapon Lack) und dickflüssige Lacke (z.B. Bootslack).

Die dünnflüssigen Lacke geben dem Salzteigmodell wenig Schutz, da sie in den Teig einziehen und die Modelle deshalb mehrmals lackiert werden müssen. Allerdings kann man einen dünnflüssigen Lack verwenden, wenn man die Bräunungstöne hervorheben will, ohne einen Lackglanz zu erhalten.

Die dickflüssigen Klarlacke bieten dagegen einen hervorragenden Schutz gegen Feuchtigkeit – man muß die Modelle jedoch von allen Seiten lackieren. Wem Hochglanz nicht zusagt, der sollte einen matten Klarlack benutzen.

WICHTIG: Salzteigmodelle, die nicht ganz trocken sind, aber gelackt wurden, werden mit der Zeit unansehnlich, da sich der Lack vom Modell abhebt.

15

Verschiedene Gestaltungstechniken

Ausstechen mit Backförmchen

Der Teig wird mit einem Wellholz 1/2 cm dick auf der Arbeitsplatte oder gleich auf dem Backblech ausgerollt. Nun kann man beliebige Backförmchen eng aneinander in den Teig eindrücken.

Man modelliert Teile aneinander, indem diese vorher mit einem feuchten Pinsel bestrichen werden. Der Kleberanteil im Mehl kommt dadurch zur Wirkung.
Modelliert man Teile aufeinander, dann sollte immer die Rückseite des Teils mit Wasser bestrichen werden, das aufgelegt wird, da sonst beim Trockenvorgang durch Wasserflecken unterschiedliche Farbstrukturen entstehen. Wenn man ganz sicher gehen möchte, sollte das gesamte Objekt mit Wasser bepinselt werden, bevor es in den Backofen kommt.

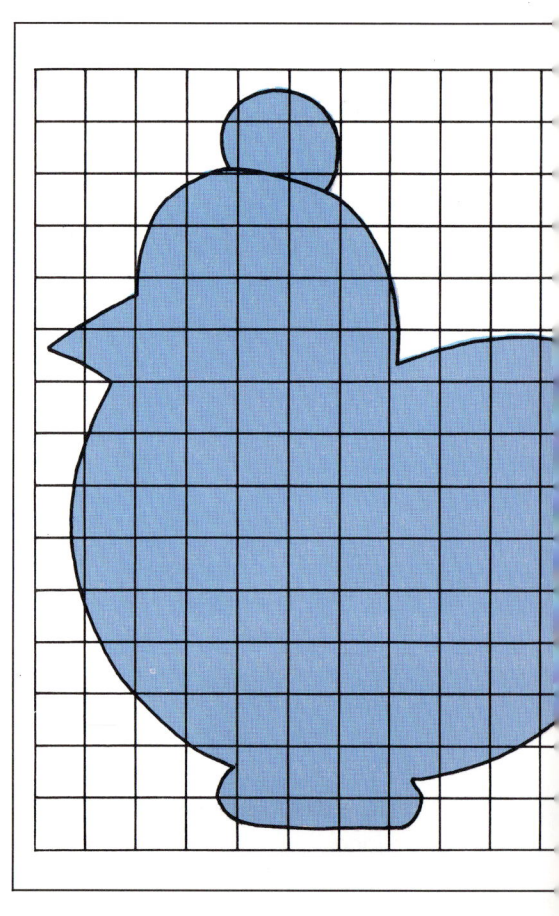

Ausschneiden nach Schablone

Den Teig 1/2 cm dick auf der Arbeitsplatte oder dem Backblech ausrollen. Nun die vorgegebene oder selbst angefertigte Schablone auf den Teig legen und mit einem spitzen, scharfen Messer an den Schablonenrändern entlangschneiden. Die Schablone vorsichtig entfernen und die Schnittkanten zuerst mit Wasser befeuchten und anschließend mit einem Modellierstab glattstreichen.

WICHTIG: Schablonen aus Pappe mit einer Polyschutzschicht anfertigen, da sie feuchtigkeitsabweisend ist. Diese beschichtete Pappe ist im Handel als Tortenunterlage erhältlich. Teigreste auf der beschichteten Seite können mit einem Teigschaber entfernt werden.
Normale Pappe bleibt auf dem Teig haften.

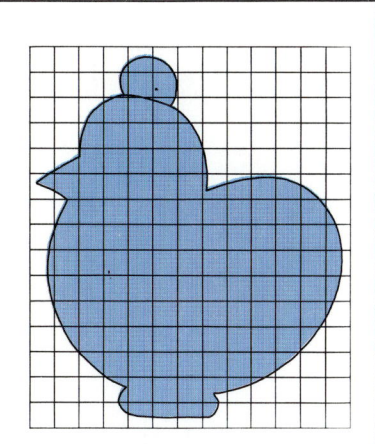

Vergrößern und Verkleinern
Über das gewünschte Motiv zunächst ein Karomuster zeichnen. Soll das Motiv verkleinert werden, zeichnet man ein entsprechend kleineres Karomuster. Dann überträgt man jeweils die Schnittpunkte des Motivs mit dem Karomuster und zeichnet die Konturen nach.
Beim Vergrößern eines Motivs geht man genau umgekehrt vor.

17

Das Arbeiten mit Hilfsmitteln

Mit den verschiedensten Hilfsmitteln lassen sich beim Modellieren schöne Effekte erzielen. So kann man beispielsweise mit einem **Zahnstocher** oder einem **Schaschlikstäbchen** Lochmuster in den Teig stechen. Außerdem ist es möglich, mit diesen Hilfsmitteln die Teigoberfläche aufzurauhen.

Strukturen mit Spritzbeuteltüllen

Spritzbeuteltüllen, die man in den Teig drückt, ergeben dekorative runde und sternförmige Muster.

Effekte mit dem Teesieb

Drückt man den Teig durch ein **Teesieb,** entstehen ganz feine Teignüdelchen. (Für diese Technik muß der Teig mit ganz feinem Salz zubereitet werden).

TIP: Der Teig sollte trocken-geschmeidig sein.

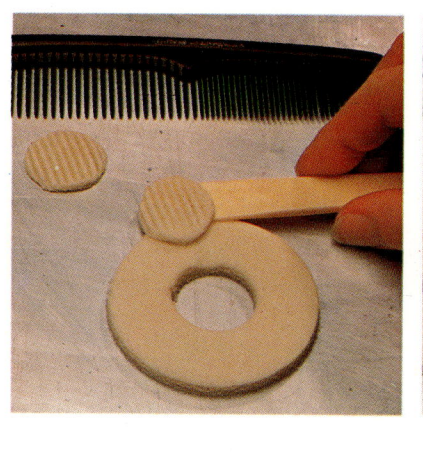

Mit dem **Kamm** lassen sich gleichmäßige Längsrippen in den Teig drücken. Dazu wird der Kamm flach auf ein Stück Teig gepreßt, aber nicht darüber gezogen. Viele kleine punktförmige Vertiefungen erzielt man durch Eindrükken der Zinkenspitzen in den Teig.

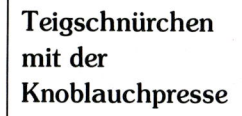

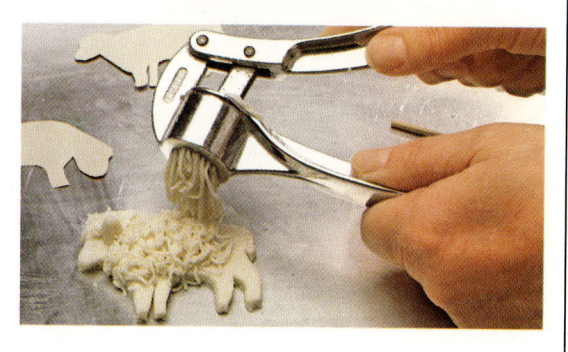

Teigschnürchen mit der Knoblauchpresse

Benutzt man anstelle eines Teesiebs eine **Knoblauchpresse,** dann entstehen spaghettiartige Teigstränge, die als Haare, Fell oder andere Muster Verwendung finden.

19

Das Eindrücken von Gegenständen

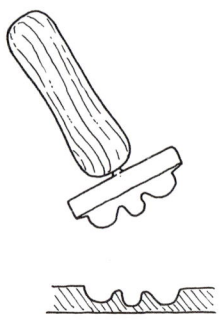

Durch Eindrücken von Gegenständen (z.B. Knöpfen, Gräsern) in den Teig entstehen negative Konturen.

Man kann beispielsweise Knöpfe, die ein schönes Muster haben, in den Teig drücken. Um die Knöpfe leichter wieder aus dem Teig herauszuziehen, sollte man einen Knopfstempel herstellen:

Dazu einen Holzdübel verwenden und diesen mit Pattex an den Knopf kleben. Hat der Knopf eine Schlaufe, kann man mit einem kleinen Bohrer eine Vertiefung für die Schlaufe in den Dübel bohren. Bei Knöpfen mit Löchern den Holzdübel mit so viel Pattex ankleben, daß dadurch die Löcher verschlossen werden.

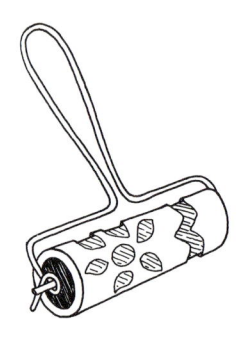

Rollen, in die bereits ein dekoratives Muster eingeschnitten ist, lassen sich ebenfalls zur Oberflächenstrukturierung verwenden.

Beim Eindrücken von Gräsern, Getreide und ähnlichem, werden diese erst mit den Fingern leicht in den Teig gepreßt.

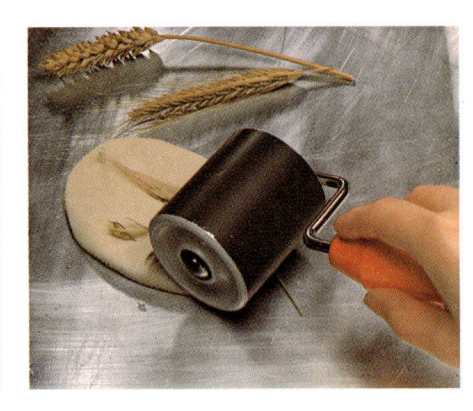

Dann die Platte mit einem Wellholz von unten (Stiele) nach oben vorsichtig und gleichmäßig ausrollen.

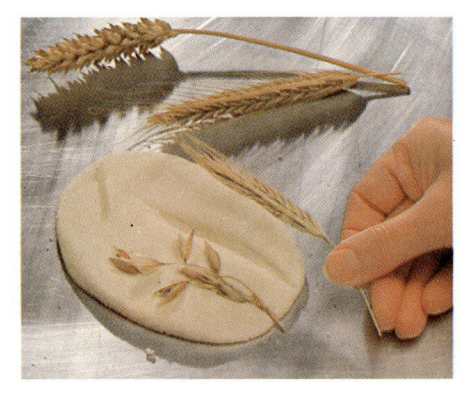

Die Gräser und eventuell zurückgebliebene Reste später mit einer spitzen Pinzette oder mit der Hand entfernen.

TIP: Der Teig muß trocken-geschmeidig sein, damit die Konturen deutlich zu sehen sind.

20

Das Eindrücken von Teig

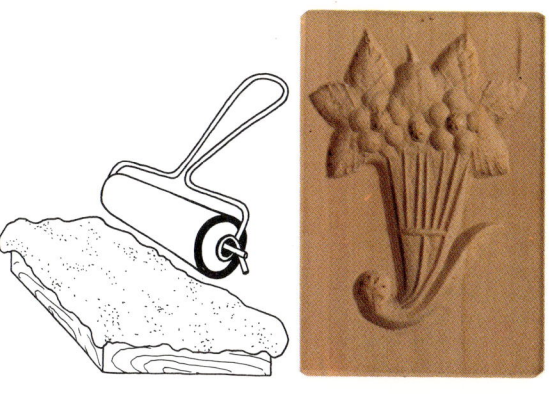

Drückt man den Teig in einen ausgehöhlten Gegenstand (Holzmodel oder ähnliches), entstehen im Teig – beim Herausnehmen – Erhöhungen: Positive.

Arbeitet man mit Holzmodeln, sollte der Teig mit feinem Salz zubereitet werden, um die Konturen besser sichtbar zu machen. Man mehlt die Model mit einem Pinsel leicht ein und drückt dann von einer Seite ausgehend den Teig fest hinein. – Beim Ablösen des Teiges aus den Modeln sehr vorsichtig arbeiten!

Man kann auch umgekehrt arbeiten und den gleichen Effekt erzielen; außerdem ist diese Methode einfacher:

Dazu den Teig 1 cm dick ausrollen, das Model fest daraufdrücken – vorher natürlich erst mit Mehl auspinseln – und das Model vorsichtig wieder abheben. Die Ränder anschließend mit einem scharfen Messer ganz geradeschneiden. Das Model hinterher mit Wasser und einer weichen Bürste säubern. Bei Zimmertemperatur – nicht auf der Heizung! – trocknen.

Die Ausgießformen für Häuser und vieles mehr können auch verwendet werden, wenn sie nicht zu tiefe Muster haben.

TIP: Aus Fimo kann man sich Positive und Negative selbst herstellen. Diese Formen sind nach dem Backvorgang für lange Zeit verwendbar.

21

Das Herstellen von Teigsträngen

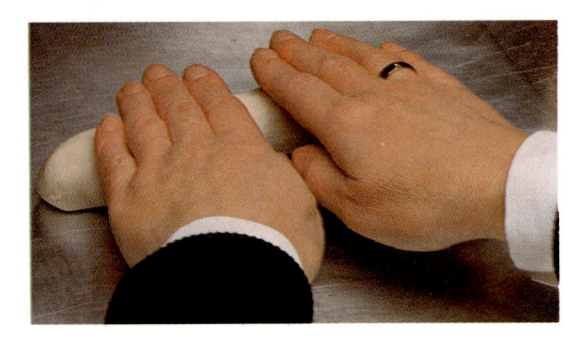

Die geschlossenen Hände werden in die Mitte auf ein in Rolle gebrachtes Teigstück gelegt.

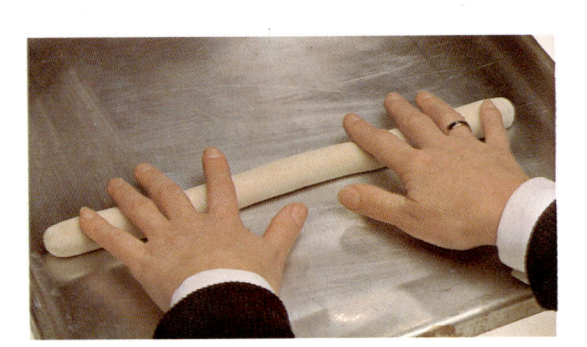

Dann rollt man den Teig hin und her und spreizt dabei die Finger nach außen.

Wenn man bei einem Kranz einen bestimmten Durchmesser haben möchte, wird dieser mit 3 multipliziert.

Beispiel:
Der Durchmesser des Kranzes soll 15 cm betragen
15 x 3 = 45
Die Teigstränge müssen ungefähr 45 cm lang ausgerollt werden.

TIP: Den Teig zum Ausrollen aus mehr Mehl und eventuell einem Zusatz von Metylan Tapetenkleister herstellen, damit er sehr geschmeidig ist und nicht reißt.
3 Tassen Mehl (etwa 300 g), 1 Tasse Salz (etwa 200 g), 3 Eßlöffel Metylan Tapetenkleister und 175 ml Wasser.

Der geflochtene Kranz

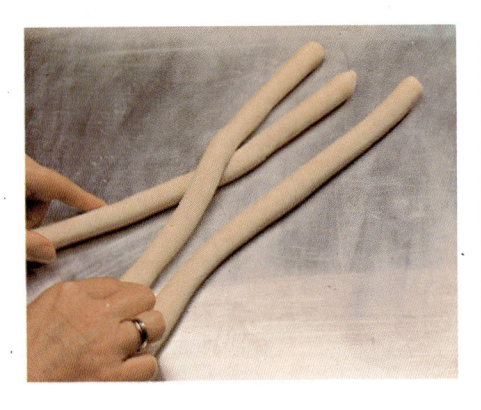

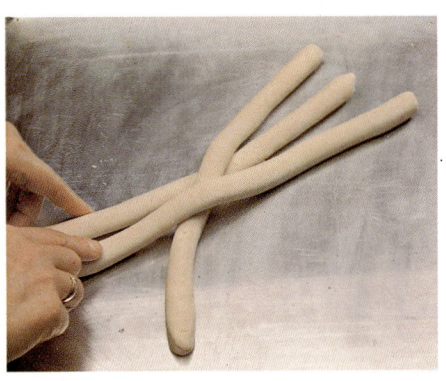

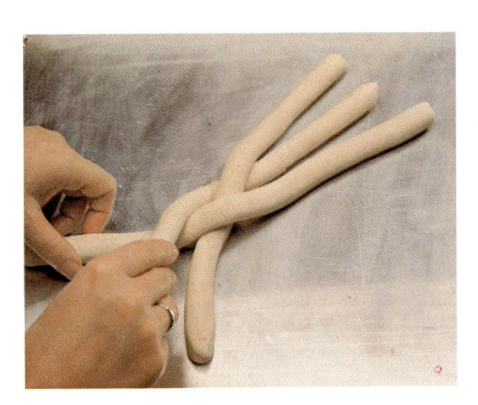

Ein geflochtener Kranz besteht aus 3 gleich langen Teigsträngen. Diese zuerst parallel nebeneinander auf die Arbeitsfläche legen und anschließend den linken Strang über die Mitte des mittleren Stranges legen.

Nun den rechten Teigstrang – ebenfalls von der Mitte her – über den linken Strang legen.

Anschließend die untere Hälfte des Zopfes flechten und zum Schluß die obere Hälfte fertigstellen.

HINWEIS: Dadurch, daß man beim Flechten eines Zopfes in der Mitte beginnt, erhält man ein gleichmäßigeres Ergebnis. Fängt man mit dem Flechten der Stränge am oberen Ende an, kann es passieren, daß die Teigstränge einreißen, da sie sehr oft hin- und herbewegt werden müssen.
Soll aus den geflochtenen Teigsträngen ein Kranz hergestellt werden, kann man hierbei wie beim geschlungenen Kranz (siehe Seite 24) vorgehen.

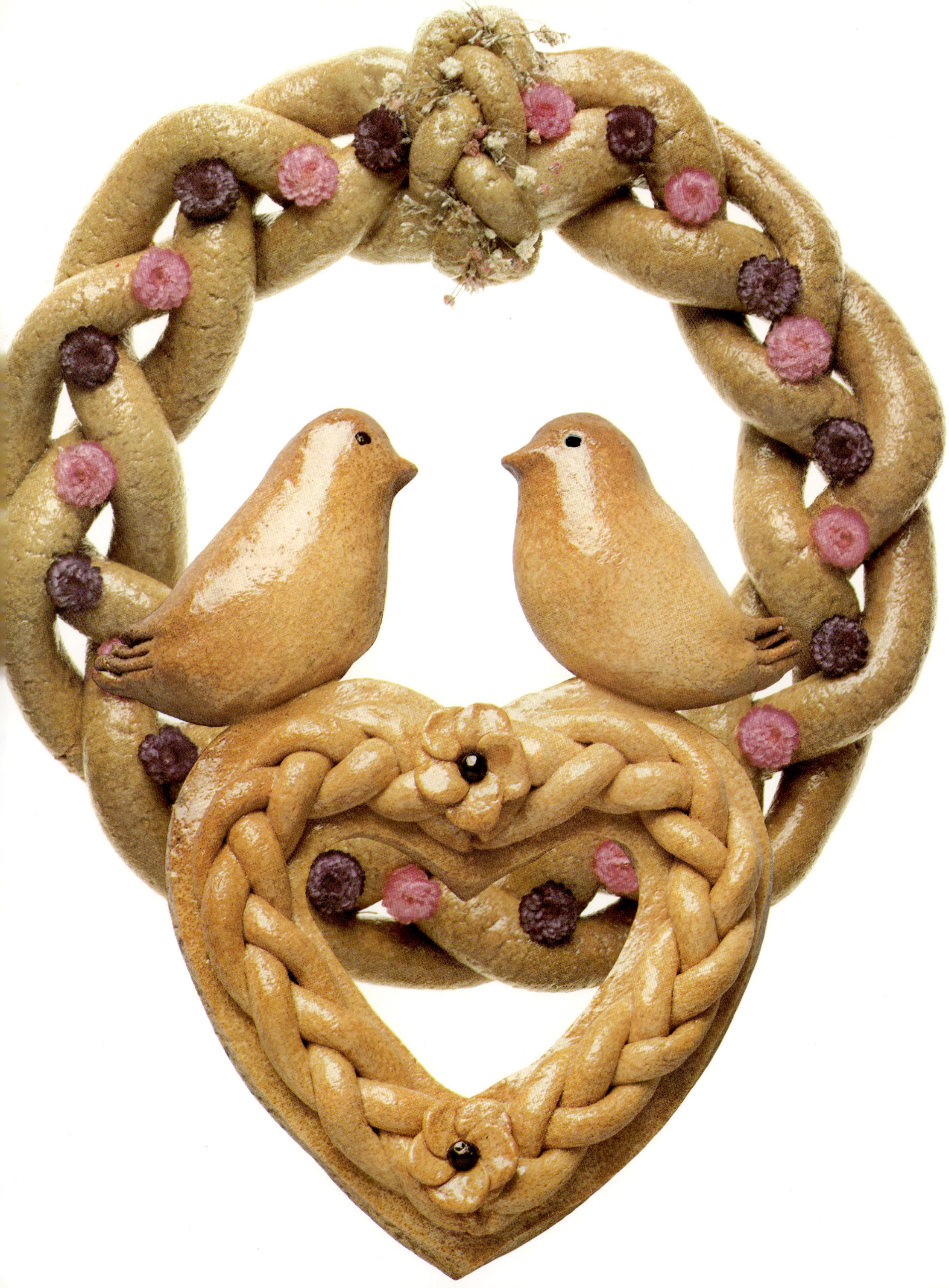

Der geschlungene Kranz

Ein geschlungener Kranz besteht aus 2 gleich langen Teigsträngen.
Man legt die beiden Stränge in der Mitte über Kreuz; von da aus werden sie jeweils nach außen geschlungen.

Das Schließen des geschlungenen Kranzes

Alle 4 Enden gerade schneiden, anfeuchten und zusammendrücken.

Oder: Die Teigstränge durch Verjüngen der Strangenden miteinander verbinden.

Dazu das Ende eines Strangs nach unten hin schräg abschneiden und den entsprechenden Strang am anderen Ende nach oben abschrägen. Mit Wasser befeuchten und aufeinanderdrücken.

HINWEIS: Diese beiden Methoden zum Schließen von Kränzen lassen sich ebenfalls auf den geflochtenen Zopf (Seite 22) anwenden. Entweder schneidet man hierbei – das ist die einfachste Methode – alle 6 Enden gerade, feuchtet diese an und drückt sie zusammen, oder man verjüngt die einzelnen Strangenden (siehe Schritt-für-Schritt-Fotos rechts). Dies ist zwar komplizierter, garantiert aber einen besseren Halt.

Beim zweiten Teigstrang ebenso arbeiten. Diese Methode dürfte die Kränze am besten zusammenhalten.

25

Das Herstellen von Blättern

Um gleichmäßige Blätter herzustellen, sollte man von einer Teigrolle gleich große Scheiben abschneiden. In der Hand werden sie dann verknetet und zwischen den Händen zu Kügelchen gerollt.

Die Teigkügelchen anschließend auf den Arbeitstisch legen und plattdrücken.

Mit dem Zeigefinger und dem Daumen wird die Spitze modelliert. Nun kann man mit einem Modellierstäbchen die Blattrippen hineindrücken.

26

Das Herstellen von Blüten

TIP: Stellt man mehrere gleichartige Blüten her, ist es ratsam, aus einer Teigrolle gleich dicke Scheiben abzuschneiden und daraus die Blütenblätter zu formen.
Eine andere Möglichkeit ist, den Teig auszurollen und die Scheiben mit kleinen runden Backförmchen auszustechen.

Aus gleich großen Kügelchen lassen sich einfache Blüten herstellen, indem man die Kügelchen aneinanderreiht und – je nach Wunsch – in die Mitte mit einem Zahnstocher ein Loch piekst.

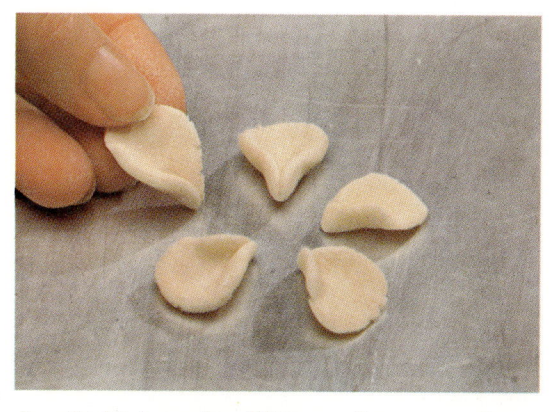

Aus 5 gleich großen Blättern, die man aneinanderlegt, läßt sich ebenfalls eine Blüte herstellen.

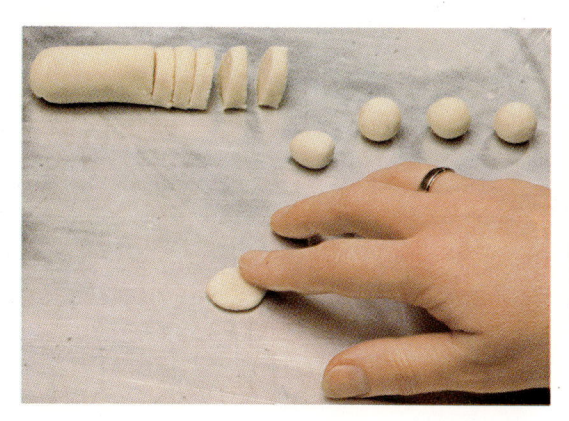

Aus 3 gleich großen Kügelchen je eine Scheibe drücken und diese versetzt aneinanderlegen.

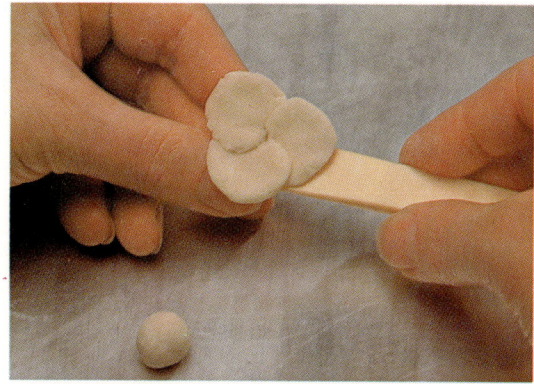

Soll die Blüte größer werden, kann man sie auch aus 5 versetzt aneinandergelegten Teigscheiben herstellen.

Rosen aus Salzteig

Rosen aus einem Teigband

Ein Teigband mit 6 cm Länge und etwa 1 bis 1,5 cm Breite mit einem Wellholz herstellen. Das Band in die Innenhand legen und von den Fingerspitzen her aufrollen.

Man kann, nachdem die Mitte entstanden ist, den Rest des Bandes locker und nach oben offen darumlegen (in den unteren Teil eventuell Falten legen).

Mit Hilfe eines Zahnstochers, der in die Mitte der jeweiligen Rose gestochen wird, kann die Blume auf dem gewünschten Objekt angebracht werden.

HINWEIS: Die Rosen sehen dekorativ aus, wenn man sie aus dünn ausgerolltem Teig herstellt. Die Länge des Teigbandes dabei je nach Größe des zu dekorierenden Objektes wählen.

Rosen aus Teigscheiben

Eine Rose kann man auch aus 4 kleinen und 5 großen Blättern beziehungsweise Scheiben herstellen.

Ein kleines Blatt zusammenrollen. Um dieses die 3 anderen kleinen Blätter versetzt anordnen.

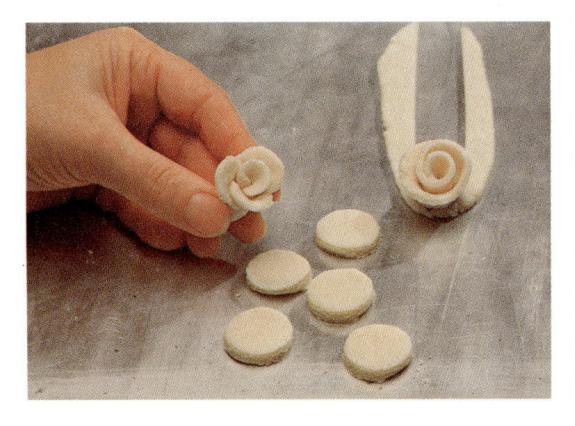

Hier wurden die restlichen 3 kleinen Teigscheiben bereits angeordnet.

Die 5 großen Blätter werden kranzförmig und versetzt um die inneren Blätter angeordnet.

TIP: Bei den Rosen aus Teigscheiben kann man auch bereits nach den ersten 4 kleinen Blättern mit dem Modellieren aufhören. Die entstandene Rose wird jedoch kleiner.

Bei dieser Technik der Rosenherstellung lassen sich Größenveränderungen zusätzlich dadurch erreichen, daß man größere Ausstechförmchen wählt. Dann sollte der Teig aber nicht zu dünn ausgerollt werden, da die einzelnen Blätter sonst keinen ausreichenden Stand haben.

29

Modellanregungen

Ausgestochene Formen

HINWEIS: Ist bei den Zutaten nur „Teig" angegeben, so geht man von der Grundmischung aus.
2 Tassen Mehl = 200 g
1 Tasse Salz = 200 g
3/4 Tasse Wasser = 125 ml

Modellieren:
Der Teig wird etwa 1 cm dick ausgerollt, eventuell gleich auf das Backblech, und mit Backförmchen ausgestochen.
Verzierungen können nun mit einem Zahnstocher, Strohhalm oder ähnlichem eingedrückt werden.
Für den Aufhänger sollte ein Loch mit einem Strohhalm ausgestochen werden. Den Strohhalm im Loch belassen, damit die Öffnung erhalten bleibt.
Nach 1 Stunde Backzeit den Strohhalm herausziehen.

Variationen:
Verschieden groß ausgestochene Teile aufeinandersetzen, die Unterseite des kleinen Formstückes mit feuchtem Pinsel bestreichen und aufsetzen.
Muster aus Nelken, Pfefferkörnern, Senfkörnern, Spritzbeuteltüllen, Knopfstempel (siehe Arbeiten mit Hilfsmitteln).
Stroh- beziehungsweise Trockenblumen können auch gleich darauf modelliert werden. Die Backtemperatur von 125° C sollte dabei nicht überschritten werden, da sonst die Farben darunter leiden.

Kleine Anhänger werden mit Plätzchenförmchen ausgestochen.
Verzierungen können aus Teig, Gewürzen und Glimmer hergestellt werden.

TIP: Den Rand der ausgestochenen Teile mit einem nassen Pinsel gut bestreichen, damit man mit dem Modellierstäbchen nachglätten kann. Die Schnur für den Aufhänger kann man je nach Modell gleich mithinein modellieren.

Kränzchen und Herzchen

Man nimmt 50 g Teig für kleine Kränzchen oder Herzchen von 6 cm Durchmesser.
Die Teigstränge werden 18 cm lang ausgerollt und zu einem Kranz geschlungen.
Die Herzchen entstehen durch Eindrücken an der Nahtstelle.
Man kann die Verzierungen aus Teig oder Trockenblumen gleich mitmodellieren oder nach dem Backvorgang gestalten.

Um aus einem geschlungenen Kranz ein Herz zu formen, drückt man den Kranz an der Nahtstelle nach innen und formt mit Zeigefinger und Daumen die Einkerbung für das Herz.

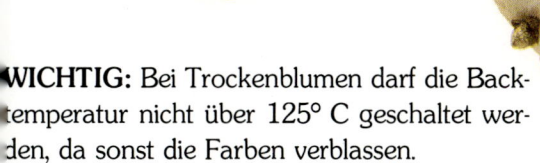

WICHTIG: Bei Trockenblumen darf die Backtemperatur nicht über 125° C geschaltet werden, da sonst die Farben verblassen.

31

Phantasievogel

Größe: 15 x 16 cm

Den Teig 1 cm dick ausrollen und nach Schablone ausschneiden. Die Ränder mit einem nassen Pinsel glätten. Mit einer Wacholderbeere das Auge markieren.
Aus haselnußgroßen Teigkugeln wird die erste Reihe für den Schwanz hergestellt. In diese Teigkugeln mit einem Strohhalm oder runden Modellierstäbchen Löcher stechen.

In die Zwischenräume der großen Kugeln kann man nun kleine, erbsgroße Kügelchen anbringen und mit einem Strohhalm kleine Muster eindrücken.
Die weitere Gestaltung kann man variieren, indem man mit Kernen Muster legt. Hierfür muß der Untergrund vorher befeuchtet werden.

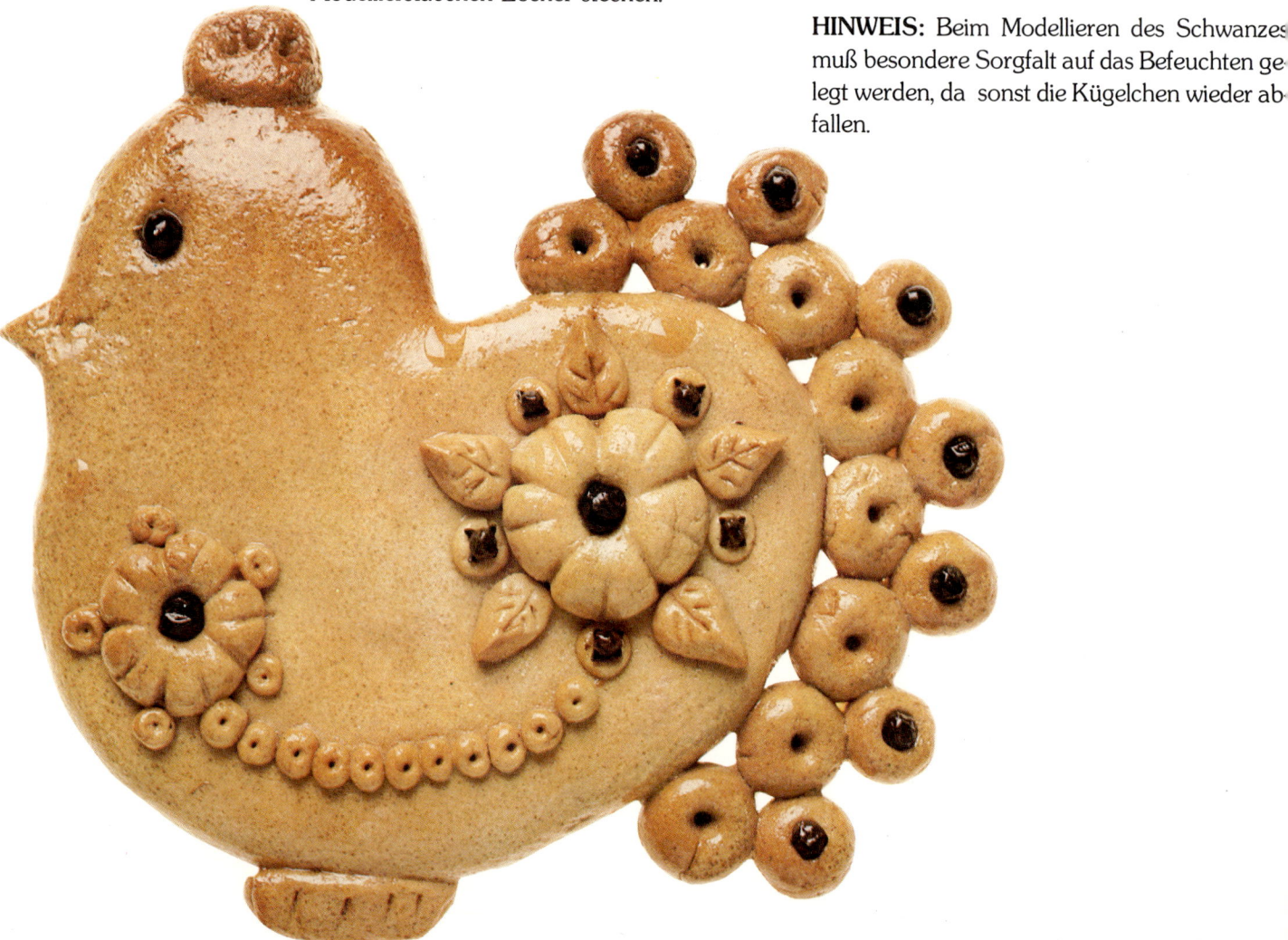

HINWEIS: Beim Modellieren des Schwanzes muß besondere Sorgfalt auf das Befeuchten gelegt werden, da sonst die Kügelchen wieder abfallen.

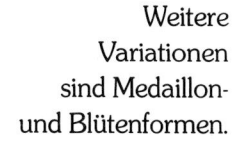

Weitere Variationen sind Medaillon- und Blütenformen.

Herz mit Teigapfel

Größe: 15 x 14 cm

Den Teig ausrollen und nach der Schablone ausschneiden. Den Restteig für die 3 Blätter und den Apfel zurückbehalten.

Die Ränder mit einem nassen Pinsel bestreichen und mit einem Modellierstäbchen glätten.

Die Mitte des Herzens kennzeichnen (kleine Delle mit dem Finger drücken) und um diese Mitte drei Blätter gruppieren.

Den Apfel als Kugel daraufsetzen. Durch das Eindrücken der beiden Nelken entsteht die eigentliche Apfelform. (Oben die Nelkenblüte hineinstecken, damit der Stiel herausschaut, und unten den Stiel hineindrücken, damit die Blüte sichtbar ist.)

Mit einer Sterntülle kann der Herzrand verziert werden, indem man kleine Sternchen hineindrückt.

Die Vögel nach der Schablone in Form bringen. Sie erhalten ein Pfefferkornauge und können in die Mitte des Körpers ein Pfefferkornmuster gelegt bekommen.

Kretakränzchen

Größe: Durchmesser 10 cm
Etwas Teig 3 mm dünn ausrollen und mit einem runden Plätzchenförmchen (Durchmesser 6 cm) ausstechen. Diese Platte dient als Grundplatte, auf die alles weitere aufgebaut wird.
Nun werden 2 cm große Scheiben geformt, auf die der Kamm aufgedrückt wird.
Mit etwa 11 solcher Scheiben wird der Außenkranz gelegt.
Die weitere Gestaltung kann durch aufgerollte Scheiben mit Längs- oder Querrippen abgewechselt werden.
Zur Auflockerung kann man Blätter modellieren, die aber bei diesem Kränzchen statt mit dem Modellierstäbchen auch mit dem Kamm ihre Konturen erhalten.

Variationen:
Kretakränze sind sehr hübsche Kerzenhalter, die sich durch Blätter, Kugeln oder kleine Schlaufen variieren lassen. Mit dem Kamm strukturierte Teigscheiben und Blätter kann man beispielsweise auch auf einem Zopfkranz anbringen und mit modellierten Vögeln dekorieren.

34

Obstkranz

Größe: Durchmesser 20 cm
Einen Kranz aus 2 Teigrollen von je 250 g + 2 Teigstränge von 60 cm Länge herstellen (siehe Technik: Herstellen von Kränzen).
Die Oberfläche des Kranzes in 3 Teile einteilen, zur Markierung evtl. jeweils einen Zahnstocher hineinstechen.
Nun werden für jedes Arrangement 5 Blätter hergestellt (siehe Technik: Herstellen von Blättern und Blüten) und nach Abbildung auf dem Kranz angeordnet.

Als nächstes werden die Birnen geformt und nach Abbildung plaziert.
Die Äpfel werden aus 1,5 cm dicken Teigkugeln geformt und bekommen durch eine Nelke entweder einen Stiel oder eine Blüte.
Die Weintrauben werden aus vielen kleinen Teigkügelchen hergestellt, die aneinandergereiht werden – evtl. mit einem feuchten Pinsel bestreichen, damit sie sich nicht lösen.
Zum Schluß kann man offene Stellen mit Pflaumen ausfüllen.

Variation: Der Obstkranz kann zusätzlich mit weiteren Teigkügelchen, kleinen Blättern oder Blüten verziert werden, die man beispielsweise auf die Rillen des geschlungenen Kranzes setzt.

Ein hübscher Kontrast entsteht, wenn man den geschlungenen Kranz aus Kakaosalzteig zubereitet und die Arrangements – Blätter und Früchte – aus Weizensalzteig darauf modelliert.

Herzchenstövchen

Man rollt den Teig für die Grund- und die Deckplatte auf dem Backblech 1 cm dick aus.

WICHTIG: Die Deckplatte muß einen größeren Durchmesser als die Grundplatte haben, da der „Herzchenmantel" um die Grundplatte gelegt wird.

In die Deckplatte wird ein Luftloch für die Kerze gestochen.

Die Seitenwand (Herzchenmantel) wird 1 cm dick ausgerollt. Die Länge richtet sich nach dem Durchmesser bzw. der Außenkante der Grundplatte. Die Höhe beträgt 6 cm.

Man kann Muster mit kleinen Ausstechförmchen in den Teig stechen.

Die Seitenwand kann mit Hilfe eines verstellbaren Tortenringes, den man von außen anlegt, abgestützt werden.

Stövchen

Der Teig wird auf dem Backblech 1 cm dick ausgerollt.

Man braucht für das Stövchen:
2 Platten von je 15 cm Durchmesser,
7–8 Platten von 6 cm Durchmesser.

In eine der großen Platten wird ein Loch von 6 cm Durchmesser gestochen (Luftloch für die Kerze).

In die kleinen Platten wird je ein Loch von 2 cm Durchmesser gestochen (kleines rundes Backförmchen).

Die Oberfläche wird mit einem Modellierstäbchen von innen nach außen aufgeritzt.

Fertigstellung:
Mit einem Komponentenkleber werden die kleinen Platten auf die Grundplatte geklebt und seitlich miteinander befestigt.

HINWEIS: Das Stövchen sollte als Lichteffekt, nicht aber unbedingt als Gebrauchsgegenstand verwendet werden.

Brezel

Größe: 8 x 10 cm
Den Teig gut durchkneten und auf 42 cm ausrollen, wobei die Mitte dicker gelassen wird.

Nun eine Brezel formen und die Enden auf die Brezel drücken.

Das dicke Teil mit einem spitzen Messer einschneiden.

Variation:
In der letzten Backstunde die Brezel mit Rübensirup-Wasser-Gemisch gleichmäßig bestreichen, den Schlitz weiß lassen. Durch Erhöhen der Temperatur kann man die „Laugenbräune" intensiver herstellen.

WICHTIG: Da der Rübensirup wasseranziehend ist, muß man besonders auf die vollkommene Trocknung achten, bevor man die Brezel lackiert.

Frühstückskörbchen:

Größen der einzelnen Teile:
Brezel: 6 x 7 cm, Teigmene 40 g – ausrollen auf 28 cm.
Brötchen: Durchmesser 5 cm, Teigmenge 40 g, große Sterntülle.
Mohnstange: 12 cm lang, Teigmenge 40 g, aus einem Dreieck von 14 x 7 cm aufrollen, die Spitzen etwas einstecken.

Brotkranz

TIP: Die Brötchen, Brezeln und Brezeln und Brote zwar gleich mitmodellieren, aber separat auf das Backblech und nicht gleich auf die Teigblätter legen. Man kann sie später mit Pattex ankleben.

Variation: Den Teigkranz aus braungefärbtem Teig herstellen und die Blätter, Brote usw. aus weißem Teig darauf modellieren. Die Brezeln kurz vor Ende der Backzeit mit Rübensirup bepinseln.

Getreidekranz

Man stellt aus 300 g Teig einen Kranz von 16 cm Durchmesser her, dazu werden die Teigstränge jeweils 48 cm ausgerollt.
Nachdem der Kranz fertig gebacken und lakkiert ist, wird eine Borde von 50 cm Länge um den Kranz geknotet.
Die Grundbasis besteht aus Weizen, Gerste und Hafer und wird auf den Kranz geklebt (bei Bedarf die Ähren abstützen).

Aus 50 cm Borde näht man eine Schleife mit Bändel und klebt sie auf die Grundbasis.
Mit feinen Gräsern, Trockenblumen usw. kann man die weitere Gestaltung fortsetzen.
Zuletzt werden kleine Brötchen und Brezel, evtl. mit Mohn und Sesam bestreut, auf dem Trokkengesteck verteilt und aufgeklebt.

TIP: Einen tropffreien Kleber (z.B. Pattex compact) verwenden.

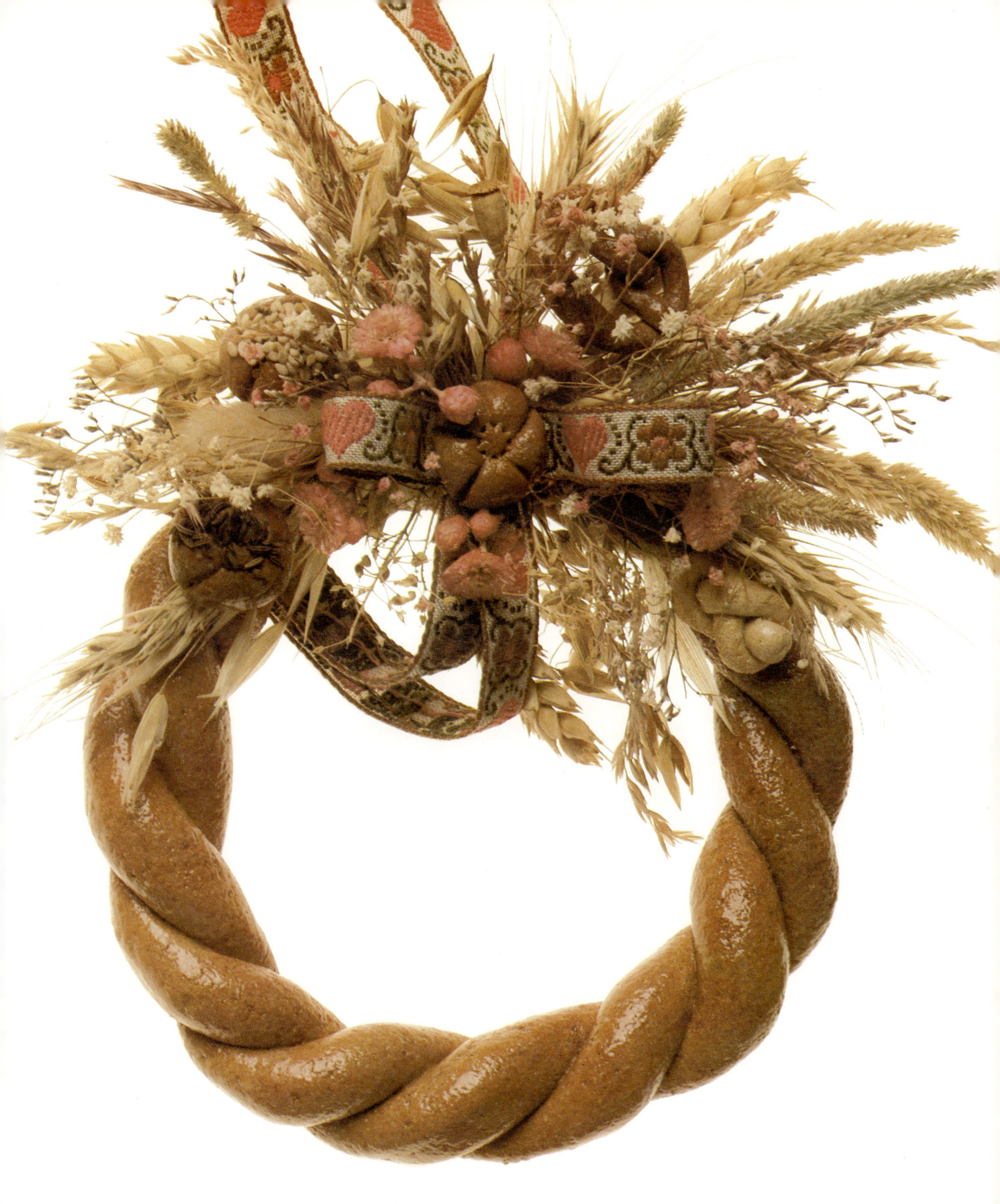

Salzteigobjekte – kombiniert mit Naturmaterialien

Haferkranz

Für die Herstellung des Haferkranzes wird zunächst als Untergrund ein Gestell aus Blumendraht vorbereitet.
Anschließend können die Haferspitzen dicht darauf befestigt und mit kleinen Brezeln, Brötchen und Zöpfen aus Salzteig beklebt werden.

Variation: Ein solcher Kranz läßt sich auch aus verschiedenen Getreidesorten binden.
Gräser, die man zusätzlich mit Strohblumen als farblichem Kontrast kombiniert, eignen sich ebenfalls.

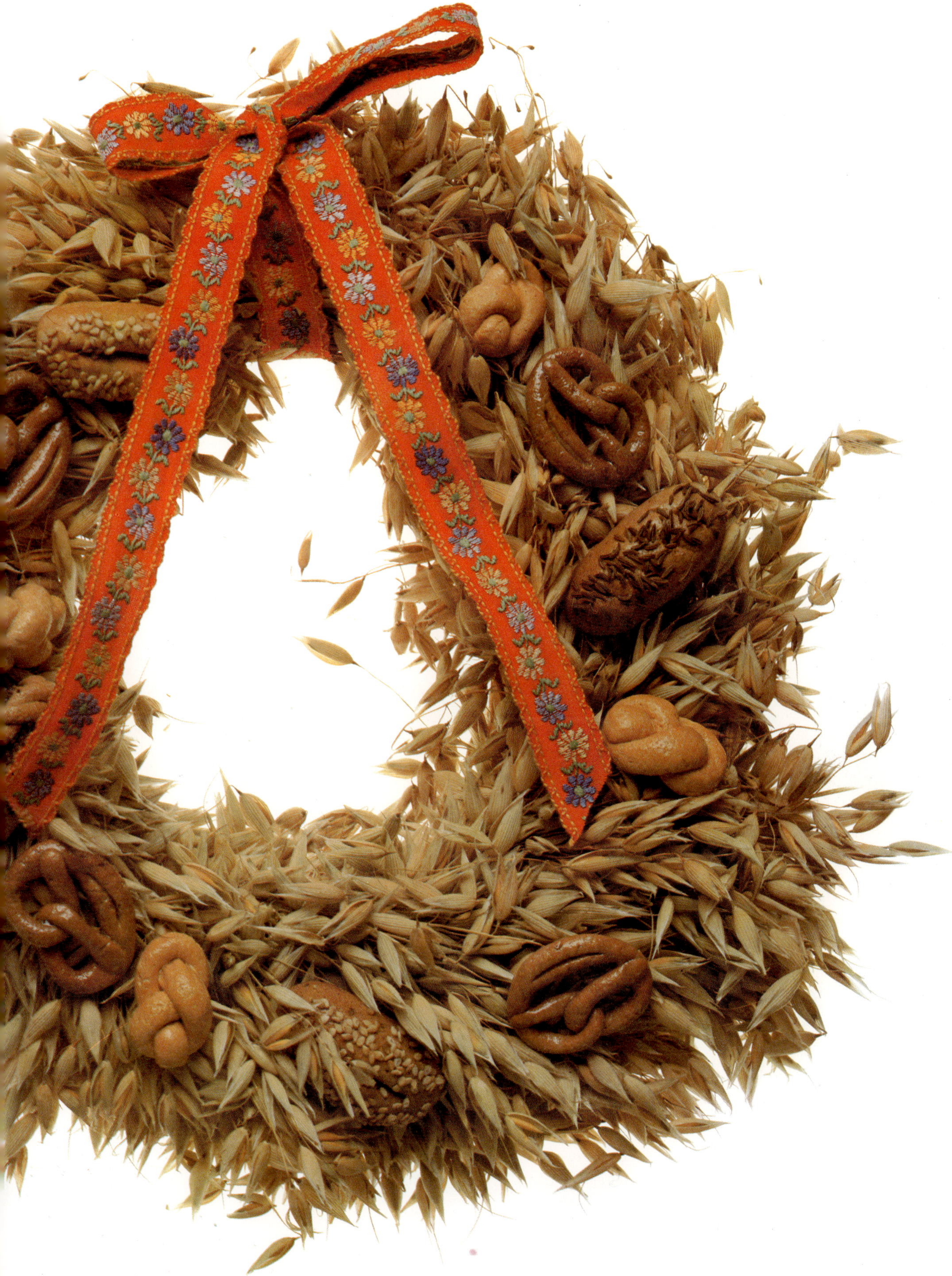

Weihnachtsdekorationen

Fenster- und Christbaumdekorationen, kleine und große Kerzenhalter, Päckchenanhänger oder passende Geschenke zur Adventszeit lassen sich in allen Techniken aus Salzteig basteln.

Besonders hübsch – und dem festlichen Anlaß entsprechend – sind Farbwirkungen mit Goldfarbe. Auf ausgestochene Formen kann man kleine Weihnachtsmotive modellieren oder aus dünnen Teigsträngen Sterne oder Eiskristalle zusammensetzen.

42

Kerzenhalter sind einfach zu formen, da mit der Kerze einfach nur die passende Vertiefung in den weichen Teig gedrückt wird.

43

Osterdekorationen

Osterhäschen

Größe: 12 cm Höhe
Den Teig für den Bauch kneten und zur Kugel formen – zwischen den Handflächen leicht plattdrücken.
Den Kopf, die Arme und Füße im gleichen Prinzip arbeiten.

Mit einem feuchten Pinsel die Ansatzstellen bestreichen und die Teile miteinander verbinden. Die Ohren etwa 4 cm lang modellieren und am Kopf anbringen. Zwischen Ohren und Kopf ein Loch für den Aufhänger anbringen. Ein Stück Strohhalm hineinstecken und die ersten beiden Backstunden stecken lassen, dann herausziehen.

Variation: bemalen, teilweise bemalen oder mit Möhre, aus einem haselnußgroßen Teigstück geformt, schmücken.

44

Griechisches Osternest

Größe 10 x 15 cm

Man rollt aus 220 g Teig einen Teigstrang von 70 cm und schlingt ihn nach Abbildung.

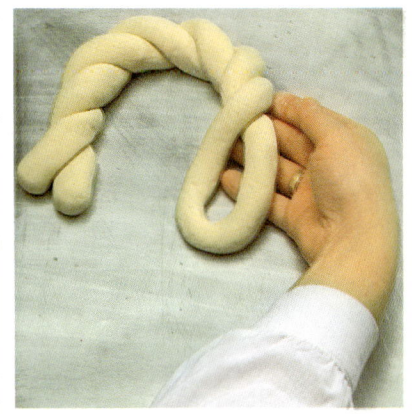

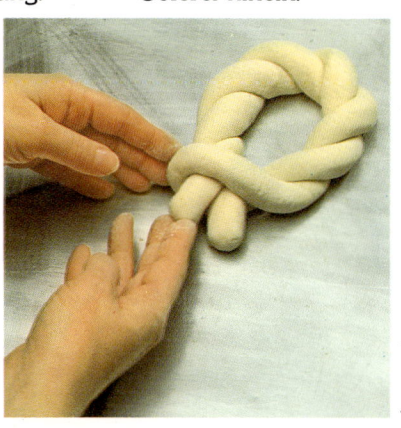

HINWEIS: Nach griechischer Tradition legt man ein rotes Osterei hinein.

45

Apfel

Größe: 6 x 4 cm
Den Teig kneten und daraus eine Kugel formen. Mit dem Daumen oben und unten eindrücken.
Eine kleine Teigrolle herstellen und als Stiel in die obere Vertiefung setzen – vorher mit einem feuchten Pinsel die Vertiefung bestreichen.
Eine kleine Kugel von 1 cm Durchmesser anfertigen und daraus ein Blatt modellieren. Am Apfelstiel so anbringen, daß ein kleines Loch für einen Aufhänger entsteht.

Variationen:
Den Apfel bemalen, vor dem Ende der Backzeit – bei 150° C – mit einem Milch-Wasser-Gemisch bestreichen, evtl. den Ofen auf 200° C hochschalten und die Bräunung überwachen.

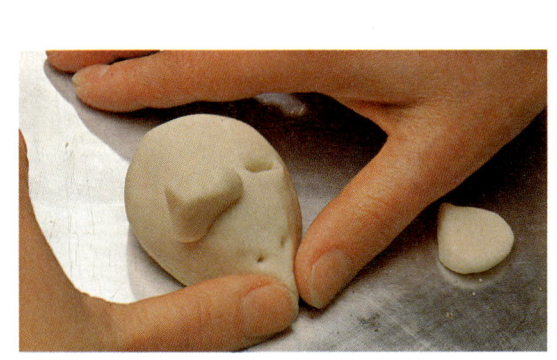

Mäuschen

Größe 6 x 4 cm
Aus 50 g Teig eine Kugel formen.
Mit dem Daumen und Zeigefinger ein Ende für das Schnäuzchen eindrücken.
Mit einem Zahnstocher die Augen und Nase markieren.

Die Ohren aus 2 haselnußgroßen Kugeln herstellen. Nun mit dem Modellierstäbchen 2 Kerben für die Ohren ritzen, mit dem feuchten Pinsel bestreichen und die Ohren jeweils in die Kerben setzen.
Für das Schwänzchen eine Vertiefung stechen. Die Schnur etwas ins Wasser halten und dann mit dem nassen Teil in die vorgegebene Vertiefung stecken, evtl. mit dem Zahnstocher nachhelfen.

Kleines dickes Herz

Größe: 6 x 6 cm
Den Teig gut kneten und in den Händen zu einer Kugel rollen.
In den oberen Teil mit dem Daumen eine Vertiefung drücken.
Die Spitze entsteht durch Zusammendrücken des Teiges mit Daumen und Zeigefinger.

Viele kleine Figuren lassen sich einfach modellieren. Als Glücksbringer oder Setzkastenfiguren sind sie nette und liebenswerte Mitbringsel.

Vögelchen

Man formt aus 100 g Teig eine Kugel und modelliert daraus das Vögelchen.
Der Teig für das Vögelchen sollte trocken und elastisch sein.
Langsames Trocknen ist erforderlich, da sonst Risse entstehen. Am günstigsten ist es, wenn man das kombinierte Trockenverfahren – Luft/Backofen – anwendet.

47

Salzteig –
die ideale Modelliermasse für Kinder

Zirkus

Die Figuren für den Zirkus werden aus gefärbtem Teig modelliert.
Zur Versteifung der anmodellierten Teile benutzt man eingeweichte Zahnstocher.
Die Trocknung für diese dicken Salzteigmodelle muß erst einige Tage an der Luft erfolgen.

WICHTIG: Die Figuren müssen in mehreren horizontalen Etappen gestaltet werden, da sie sonst unter dem Gewicht des Salzteiges zusammengedrückt werden.
Die Temperatur darf im Backofen 125° C nicht überschreiten, da sich sonst die Farben verändern.

49

Anhänger und Türschilder in Farbe

HINWEIS: Die Oberfläche von gefärbten Teigmodellen sollte nicht mit Wasser überpinselt werden, da sich diese Stellen beim Trocknen bzw. Backen verfärben.
Aus diesem Grunde ist es ratsam, die Unterseite zu befeuchten und auf das trockene Teil aufzusetzen.

Fensteranhänger

Mit kleinen Backförmchen Muster ausstechen und die Rückseite nach dem Trocknen mit Transparentpapier bekleben.

WICHTIG: Beim Backen mit gefärbtem Teig darf die Temperatur nicht über 125° C geschaltet werden, da sonst die Farben ihr Aussehen verändern.

Bäume

Den Baum in einem Stück arbeiten, wobei zuerst der Stamm geformt wird; der obere Teil wird mit einem Wellholz ausgerollt.

Schäfchen

Den Teig 3 mm dick ausrollen, dann Schablone ausschneiden und die Ränder mit einem Modellierstäbchen glätten.
Den Bereich, der mit „Wolle" aufgefüllt wird, mit einem feuchten Pinsel bestreichen.
Mit Hilfe einer Knoblauchpresse etwa 3 Füllungen Teigwolle auf dem Schäfchen verteilen – die Beine werden frei gelassen.
Mit einem Zahnstocher die Augen und Ohren markieren.
Ein kleines Ohr formen und in das vormarkierte Loch setzen.
Variation:
Herstellen einer Heidschnucke (brauner Körper mit weißer Wolle).

Die Äste mit Hilfe der Schablone ausschneiden.

Die Baumkrone wird entweder mit Teig aus einer Knoblauchpresse gestaltet oder durch unterschiedlich dicke Teigstücke, die mit einem Schaschlikstäbchen aufgerauht werden.

Variationen:
Den Baum bemalen und mit kleinen Strohblümchen verzieren.
Kleine Kirschen aus Teig auf die aufgerauhte Baumkrone legen.

53

Schäfer-
szene

Naturbelassen oder farbig bemalt, lassen sich aus Tieren, Bäumen und Figuren ganze Bilder zusammenstellen.
Kleine zusätzliche Dekorationen, wie Zäune oder Wiesenstücke, erhöhen diese Wirkung noch.
Als Hintergrund für solche kleinen Salzteigbilder eignen sich fertig gerahmte und mit grobem Sackleinen bezogene Pinnwände sehr gut.

55

Das Herstellen von Puppen

Beim Herstellen von Puppen fängt man mit dem Körper an, der kegelförmig modelliert wird.
Den unteren Teil schneidet man gleichmäßig ein, um daraus die Beine zu gestalten.
Nun werden eingeweichte Zahnstocher zur Festigung der Übergänge zwischen dem Kopf und dem Körper und je 1/2 Zahnstocher zwischen die Füße und Beine gesteckt.
Die Arme werden zur Hand hin breiter modelliert und je nach Modell gleich angebracht oder erst mit der Bekleidung.

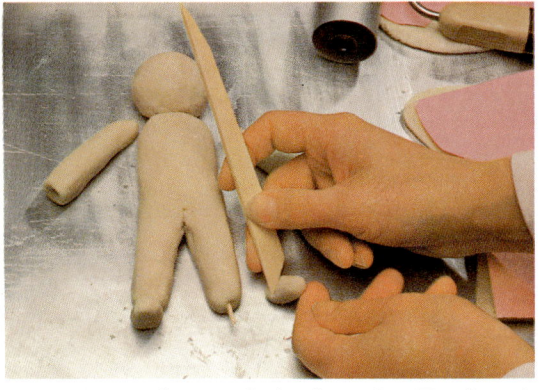

Die Füße werden aus 2 gleich großen Teigkügelchen modelliert. Man kerbt diese im hinteren Drittel leicht mit einem Modellierstäbchen ein, biegt den vorderen Fußteil etwas hoch und schiebt das hintere Drittel anschließend auf den Zahnstocher.

Nun beginnt man mit dem Aufbau des Rüschenkleides.
Zur Unterfütterung wird ein Unterrock über die Beine gelegt, auf den die Rüschen von unten nach oben modelliert werden.
Nun können die Arme an den Körper modelliert werden. Sie erhalten zur besseren Anwinklung mit dem Modellierstäbchen zwei Kerben in der Ellenbeuge.

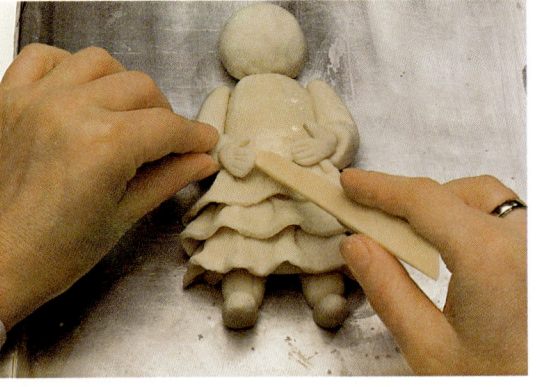

Die Hände formt man aus einer kleinen Kugel, die man in Handform bringt (z.B. wie Fausthandschuhe). In den dickeren, unteren Armteil wird mit dem Modellierstäbchen ein kleines Loch gebohrt, in das die Hand ein Stückchen hineingeschoben wird. Mit dem Modellierstäbchen drückt man die Hand vorsichtig wieder fest.

Herstellen von Kleidern

Wenn man die Grundform der Puppen gestaltet hat und sie bekleiden möchte, stellt man aus Papier einen Schnittbogen her.

Man nimmt ein Stück Papier und hält es auf die Puppe, um die Größenumrisse auszuschneiden. Dabei ist zu beachten, daß man für den Hals- und Armausschnitt genügend Papier ausschneidet.

Dann legt man den Schnitt auf dünn ausgerollten Teig und schneidet diesen aus.

(Für die Bekleidung darf der Teig nicht zu weich sein, da man sonst keine Falten und Aufschläge legen kann.)

Man kann unter Umständen die Falten mit einer Spritzbeuteltülle stützen, bis sie angetrocknet sind und die Form behalten.

Die beiden Längsrüschen werden über die Schulter bis zur Taille angebracht.
Die Haare können nach Schablone ausgeschnitten werden. Die Haarstruktur kann man mit einem kleinen Küchenmesser einschneiden.

Der Hut wird nach Schablone ausgeschnitten, wobei darauf zu achten ist, daß der hintere Teil des Hutes dicker belassen wird.

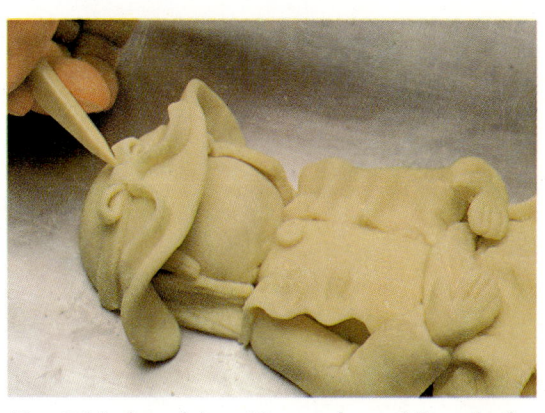

Die Schleife auf dem Hut wird aus 6 Einzelteilen zusammengestellt:
Man legt ein schmales, dünnes Band über den Hut, in die Mitte legt man nach rechts und links eine Schleife und zwei hochkant stehende Bänder, die spitz angeschnitten werden. Über diese Teile wird zum Schluß der Knoten gelegt.

Eine kleine Puppenparade

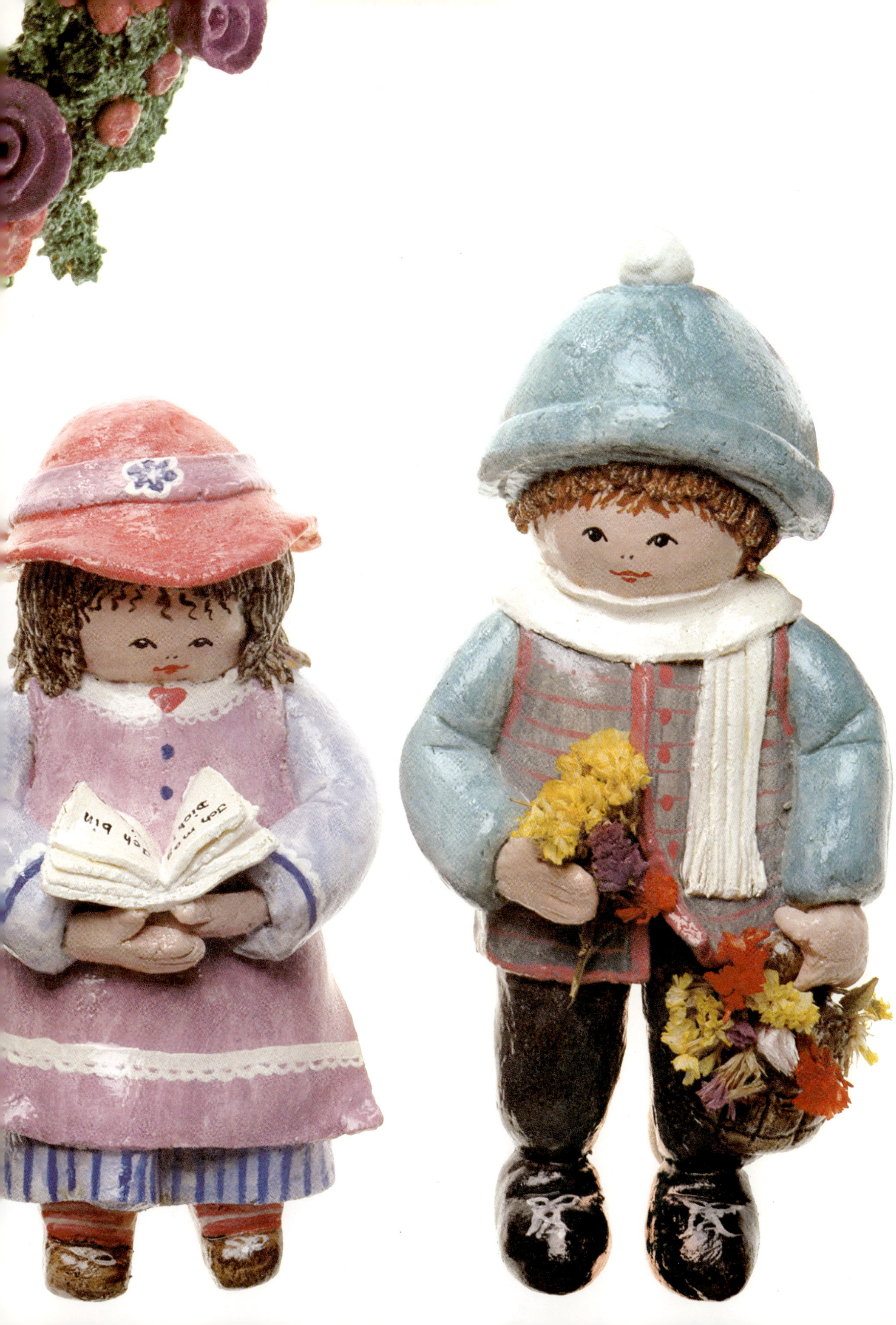

Körbchen

Größe: 14 x 15 cm
Aus 120 g Teig wird der Korbbauch geformt.
Aus 50 g Teig werden 2 Teigrollen von je 17 cm Länge gerollt, miteinander verschlungen und als Griff an das befeuchtete Körbchen gedrückt. Nun eine Teigrolle von 1,5 cm Durchmesser herstellen und für die Äpfel 5 x 1,5 cm dicke Teigstücke zu Kugeln rollen und mit Nelken – wahlweise als Blüte oder Stiel – versehen.
Für die Blätter 5 x 1 cm lange Teigstücke abschneiden und zu Blättern modellieren.

Mit einem Lineal Hilfslinien in den Korb drücken. Das Korbmuster entsteht, indem 2 Gabeln in die Rillen gestellt werden, mit denen man den Teig zusammendrückt.

Nun 2 Rosen herstellen und auf die Blätter setzen. Die Trauben werden aus vielen kleinen Kügelchen zusammengestellt.

Adventskranz

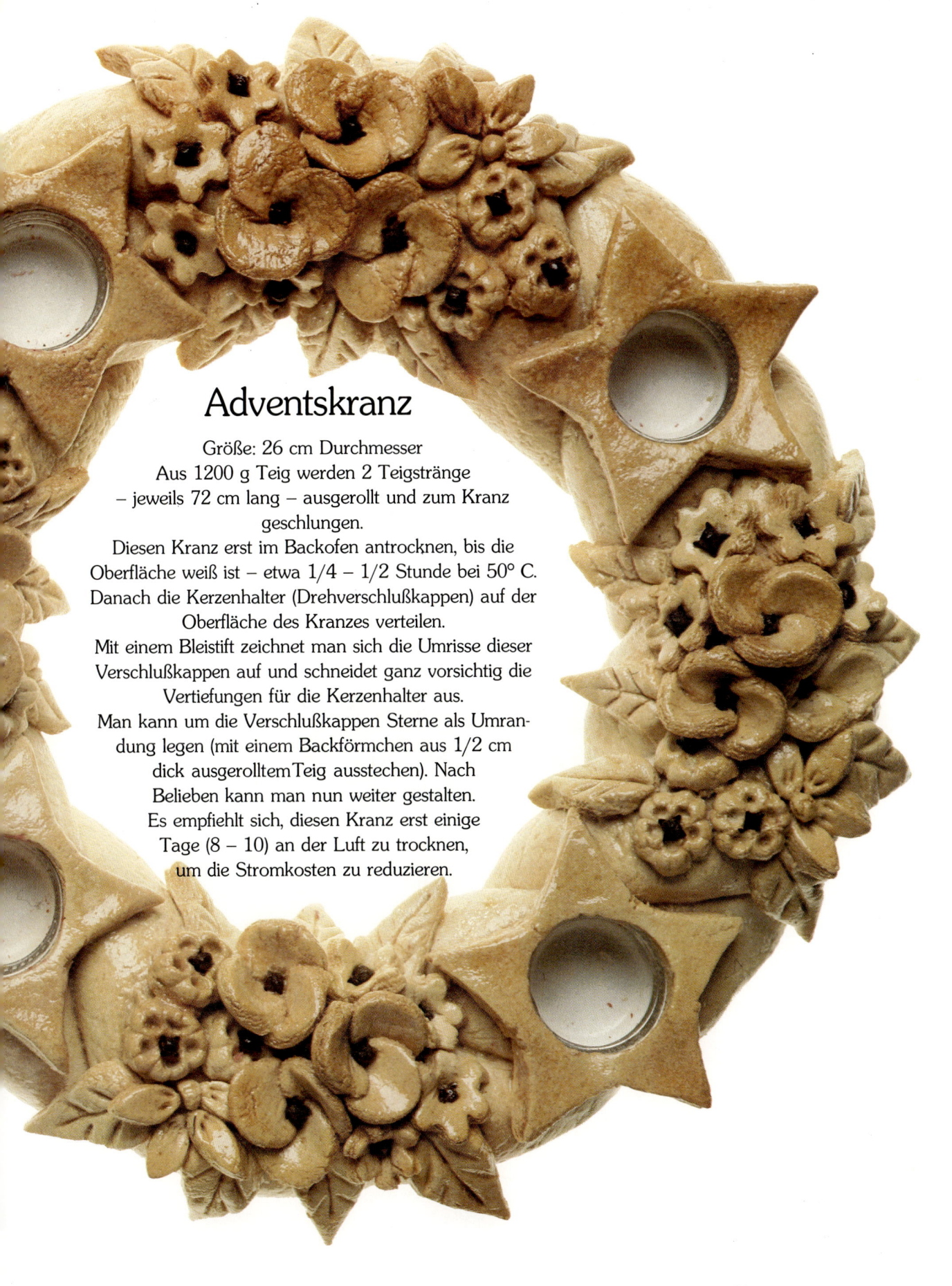

Größe: 26 cm Durchmesser
Aus 1200 g Teig werden 2 Teigstränge
– jeweils 72 cm lang – ausgerollt und zum Kranz
geschlungen.
Diesen Kranz erst im Backofen antrocknen, bis die
Oberfläche weiß ist – etwa 1/4 – 1/2 Stunde bei 50° C.
Danach die Kerzenhalter (Drehverschlußkappen) auf der
Oberfläche des Kranzes verteilen.
Mit einem Bleistift zeichnet man sich die Umrisse dieser
Verschlußkappen auf und schneidet ganz vorsichtig die
Vertiefungen für die Kerzenhalter aus.
Man kann um die Verschlußkappen Sterne als Umrandung legen (mit einem Backförmchen aus 1/2 cm
dick ausgerolltem Teig ausstechen). Nach
Belieben kann man nun weiter gestalten.
Es empfiehlt sich, diesen Kranz erst einige
Tage (8 – 10) an der Luft zu trocknen,
um die Stromkosten zu reduzieren.

Originelle Wandbilder

62

Plastische Wandbilder, farbig bemalt, sind besonders begehrte Mitbringsel, wenn man das Motiv nach dem Anlaß gestaltet.

Der Salzteig wird durch die farblose Lackierung für viele Jahre haltbar gemacht, so daß der Adventskranz jedes Jahr zur Vorweihnachtszeit zu einer stimmungsvollen Atmosphäre beiträgt.

Üppige Formen für große Objekte

In bäuerlicher Tradition

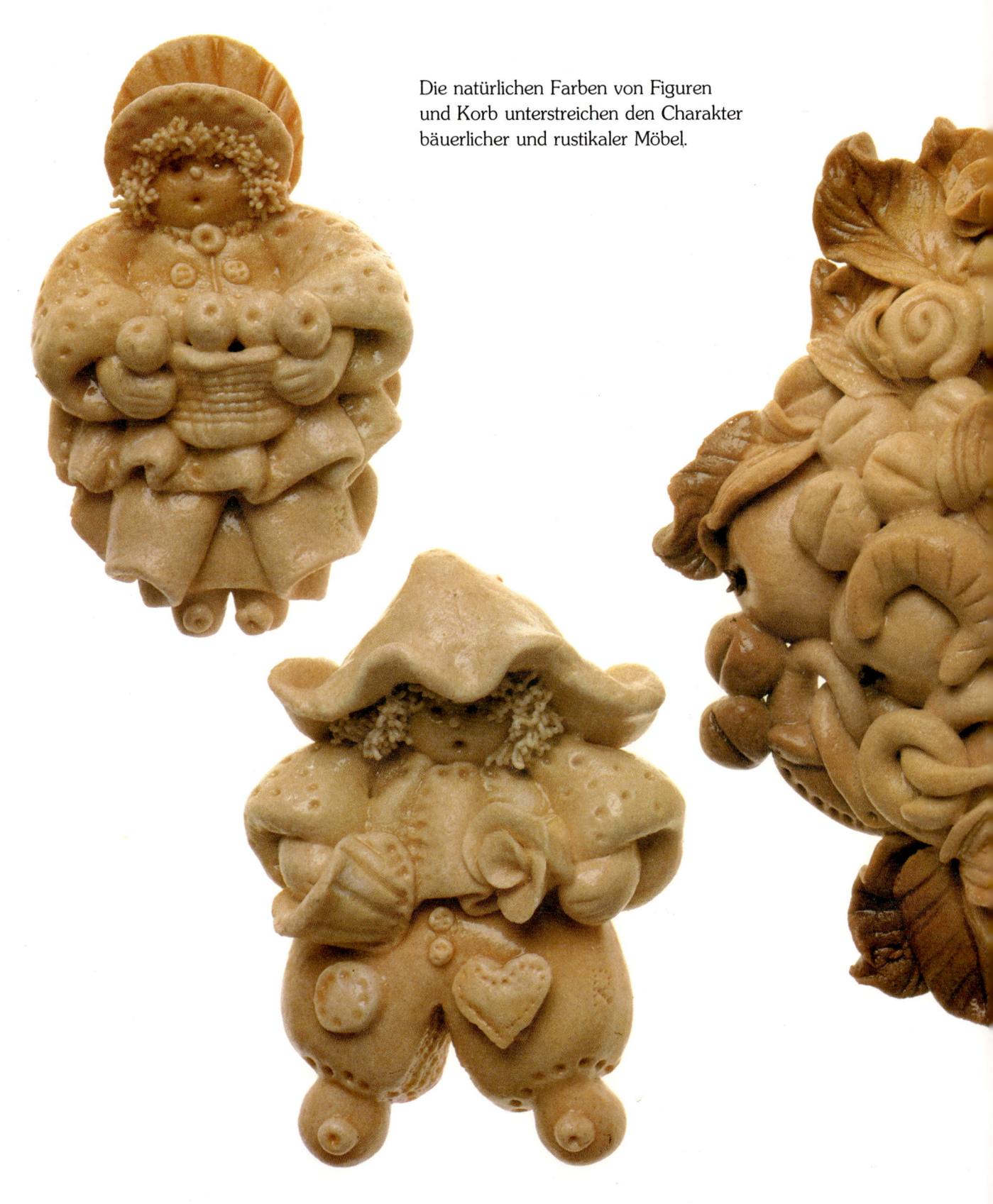

Die natürlichen Farben von Figuren und Korb unterstreichen den Charakter bäuerlicher und rustikaler Möbel.

67

Schönere Küchen

Eine besondere Gemütlichkeit verbreiten diese Dekorationen, denn die üppigen Formen bringen die warme Farbe des Teigs sehr gut zur Geltung.

Ausgefallene Wanddekorationen

Einzelne Motive lassen sich zu hübschen Wanddekorationen zusammenstellen.
Nach und nach können Sie Ihre Arbeiten ergänzen.

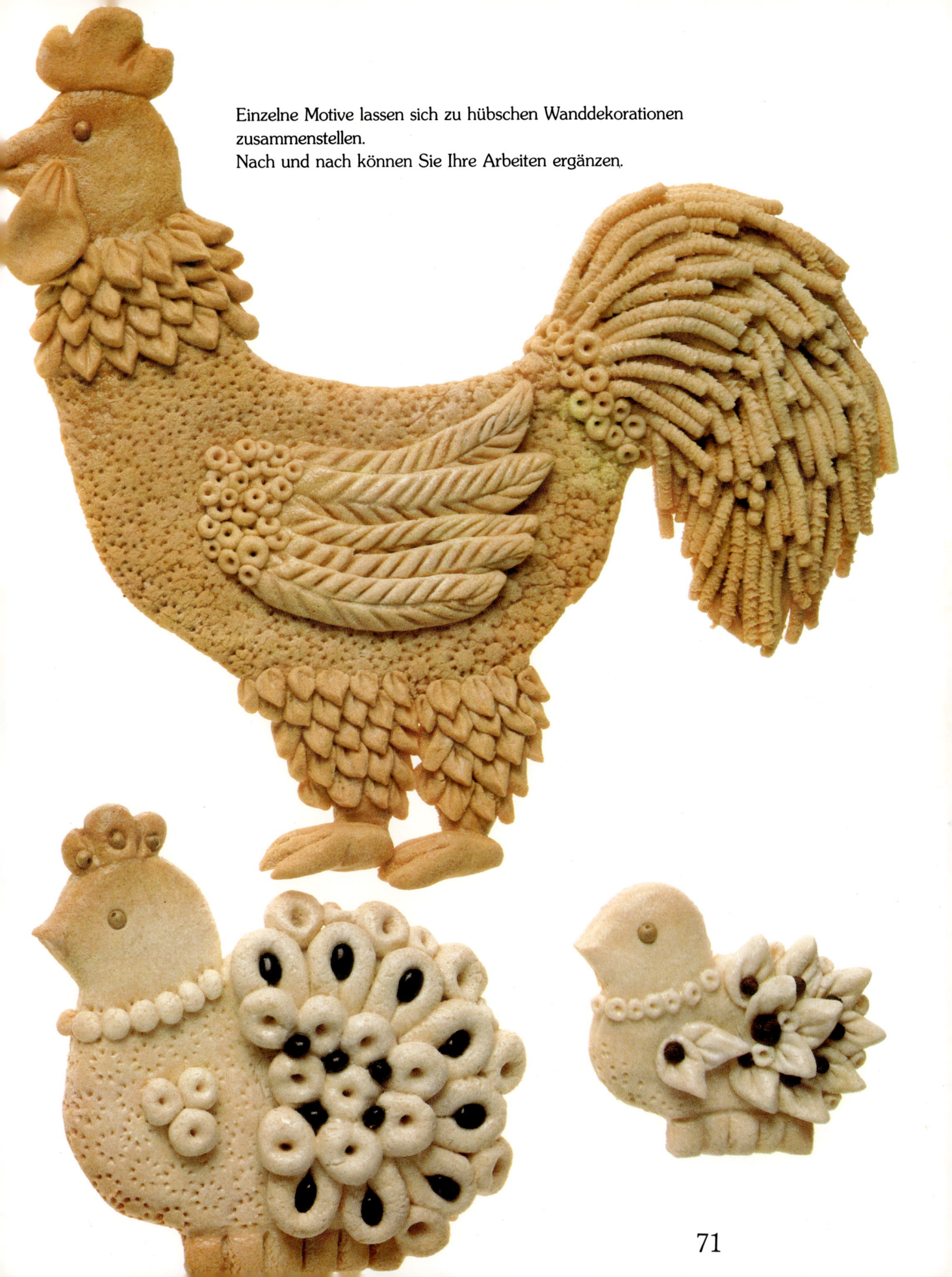

71

Motive aus der Märchen- und Tierwelt

72

Märchenmotive und Tiere bieten unerschöpfliche Anregungen. Als plastische Wandbilder sind sie eine phantasievolle Alternative zu Postern und Comics.

Schablonen

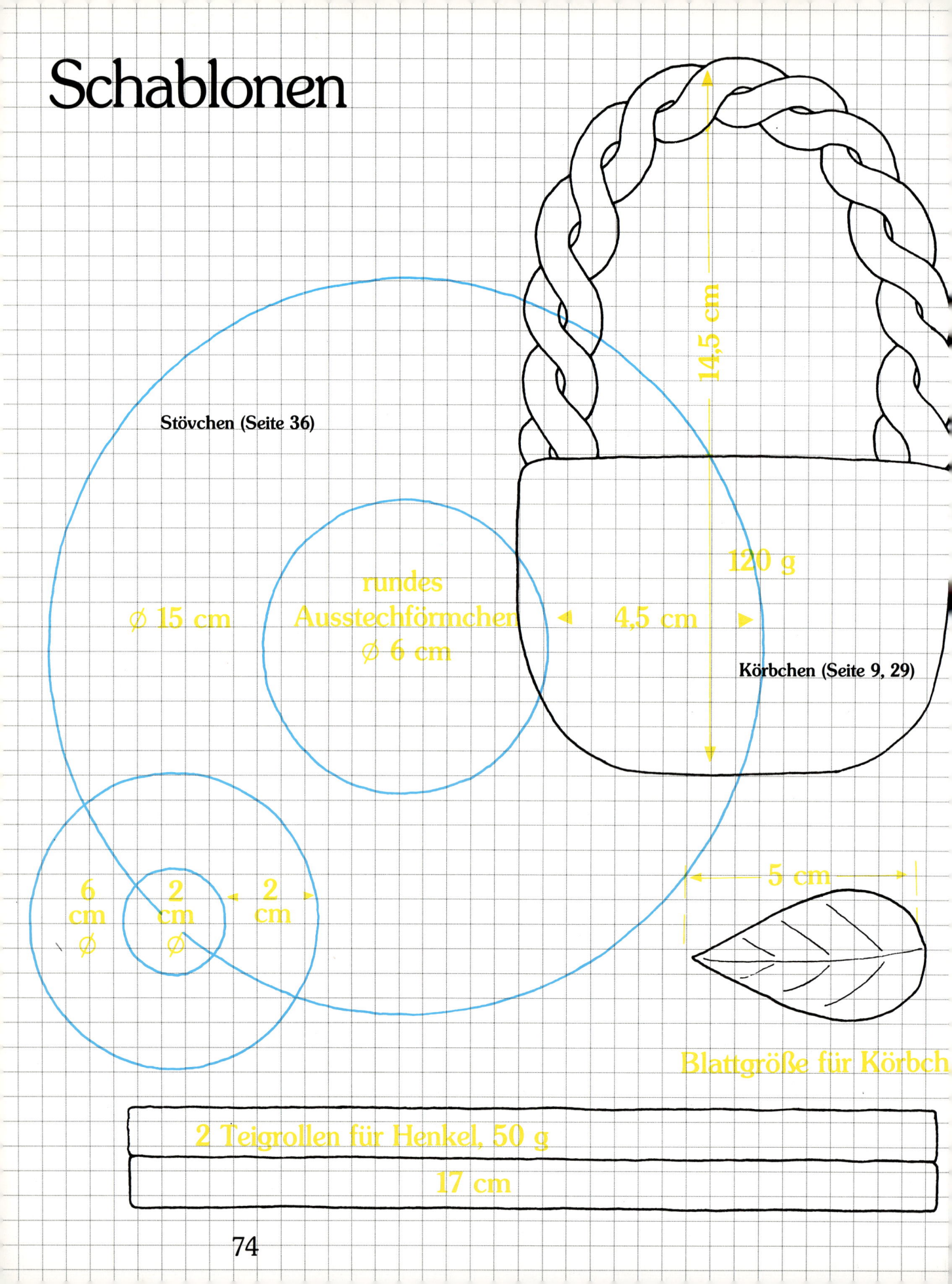

Stövchen (Seite 36)

⌀ 15 cm

rundes Ausstechförmchen ⌀ 6 cm

14,5 cm

120 g

4,5 cm

Körbchen (Seite 9, 29)

6 cm ⌀   2 cm ⌀   2 cm

5 cm

Blattgröße für Körbch[en]

2 Teigrollen für Henkel, 50 g

17 cm

74

Herz mit Vögelchen (Seite 18/19 und 33)

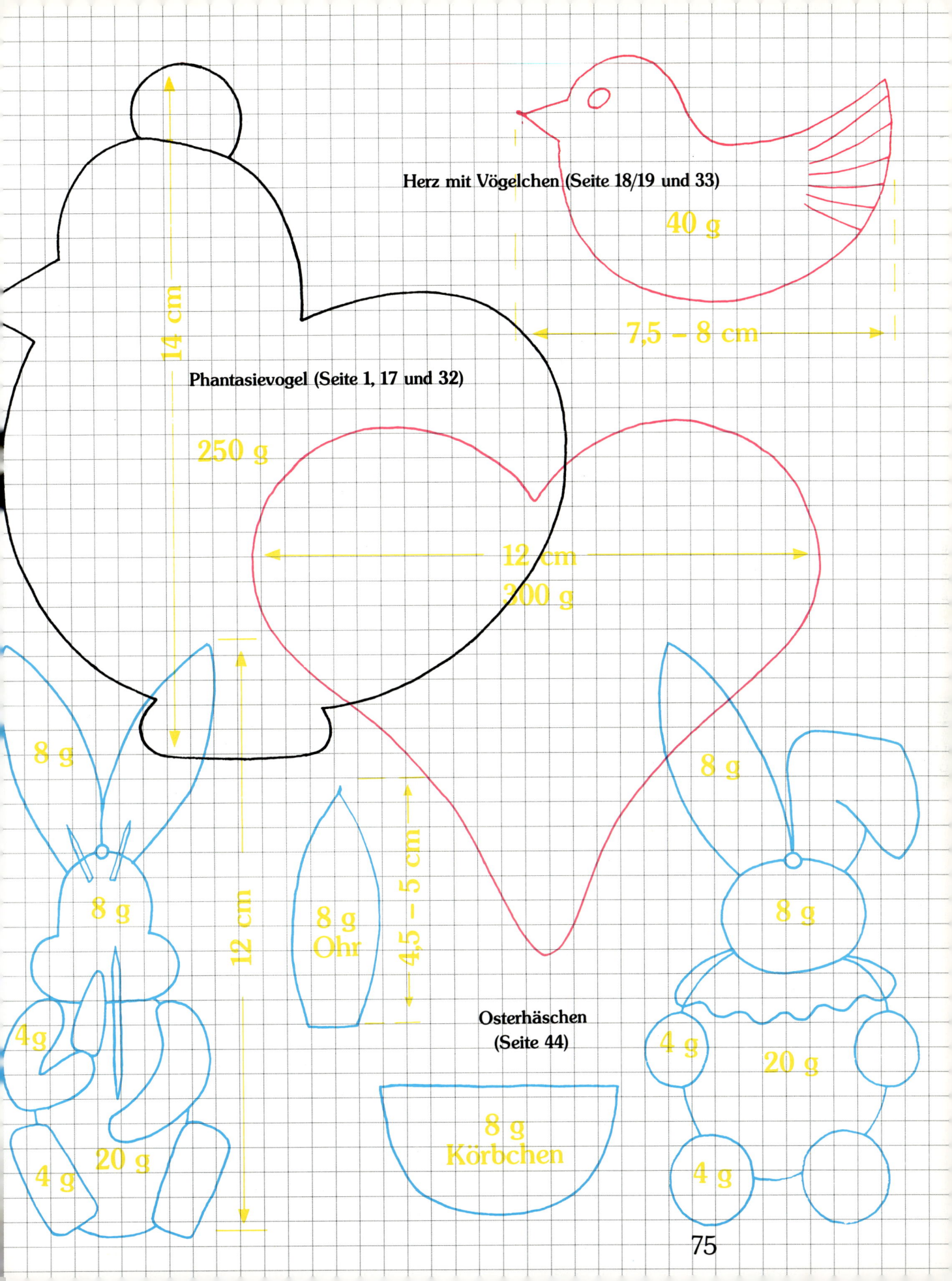

40 g

7,5 – 8 cm

Phantasievogel (Seite 1, 17 und 32)

14 cm

250 g

12 cm
300 g

8 g

8 g

8 g
Ohr

4,5 – 5 cm

8 g

8 g

12 cm

4 g

4 g   20 g

Osterhäschen
(Seite 44)

8 g
Körbchen

4 g   20 g

75

10,5 cm

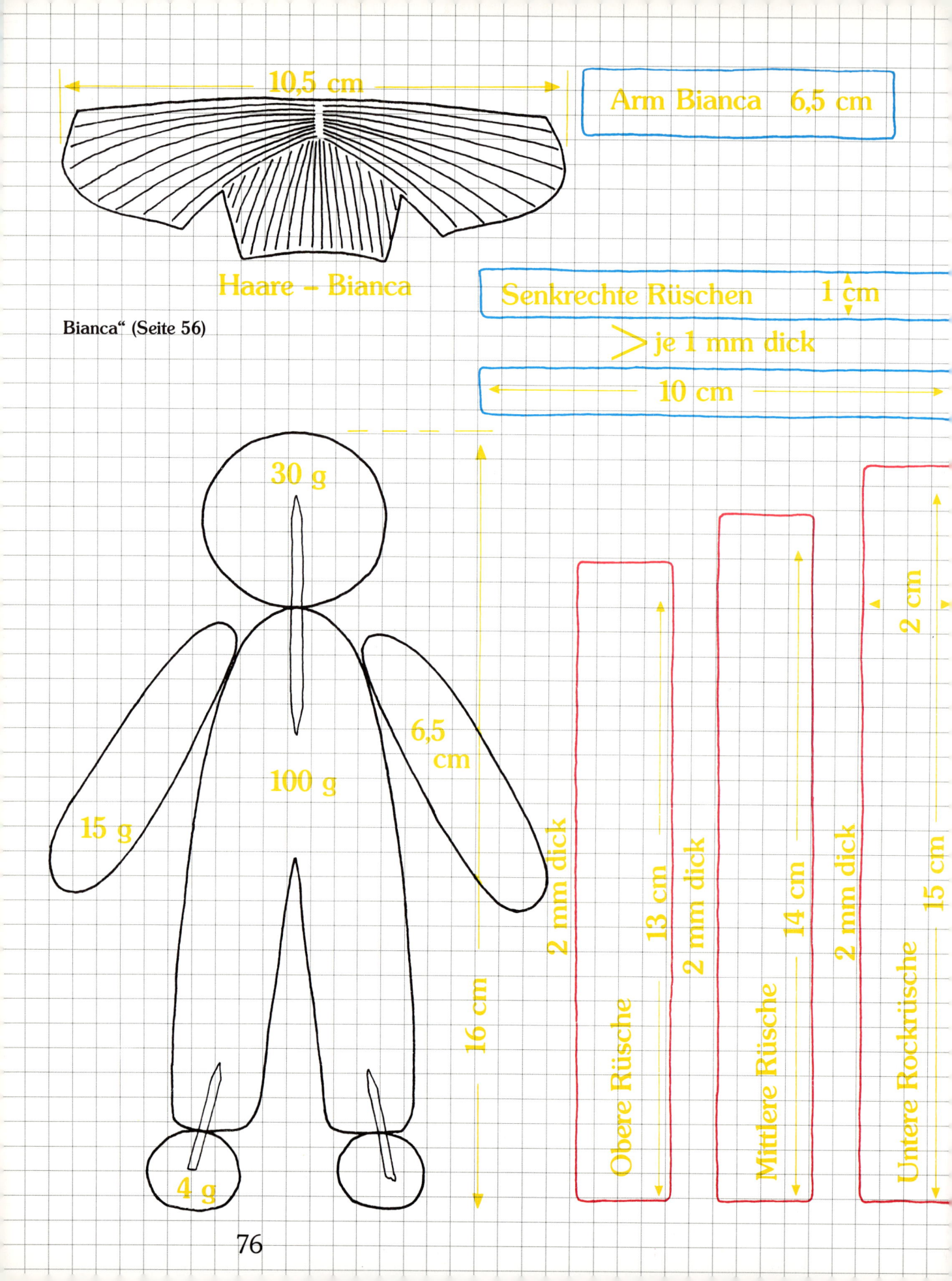

Haare – Bianca

„Bianca" (Seite 56)

Arm Bianca   6,5 cm

Senkrechte Rüschen   1 cm
je 1 mm dick
10 cm

30 g

100 g

15 g

6,5 cm

4 g

16 cm   2 mm dick

Obere Rüsche   13 cm   2 mm dick

Mittlere Rüsche   14 cm   2 mm dick

Untere Rockrüsche   15 cm   2 cm

76

Bianca

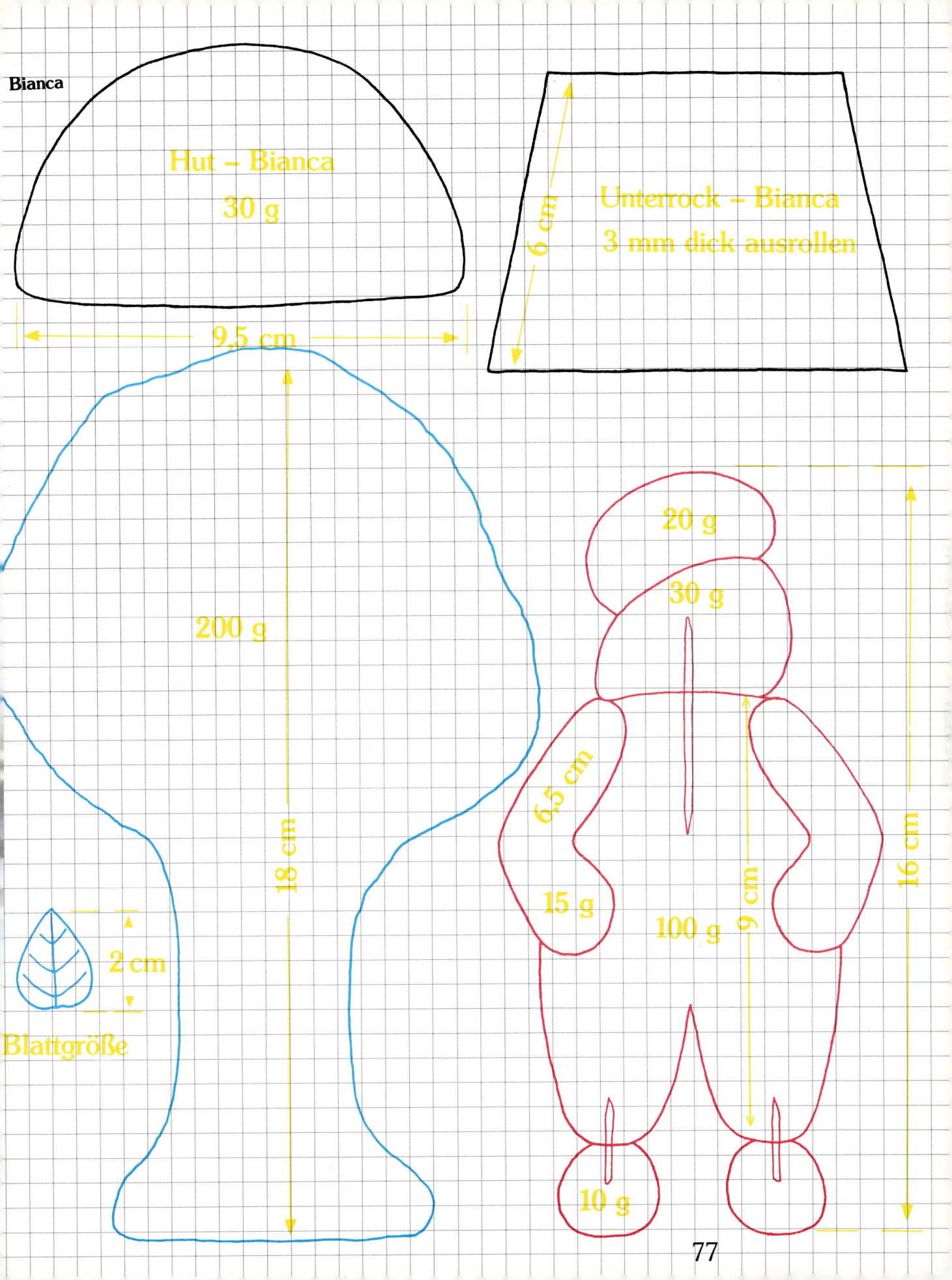

Hut – Bianca
30 g

Unterrock – Bianca
3 mm dick ausrollen

6 cm

9,5 cm

200 g

18 cm

20 g

30 g

6,5 cm

15 g

100 g

9 cm

16 cm

10 g

2 cm

Blattgröße

77

Naturfarbener Schäfer (Seite 54/55)

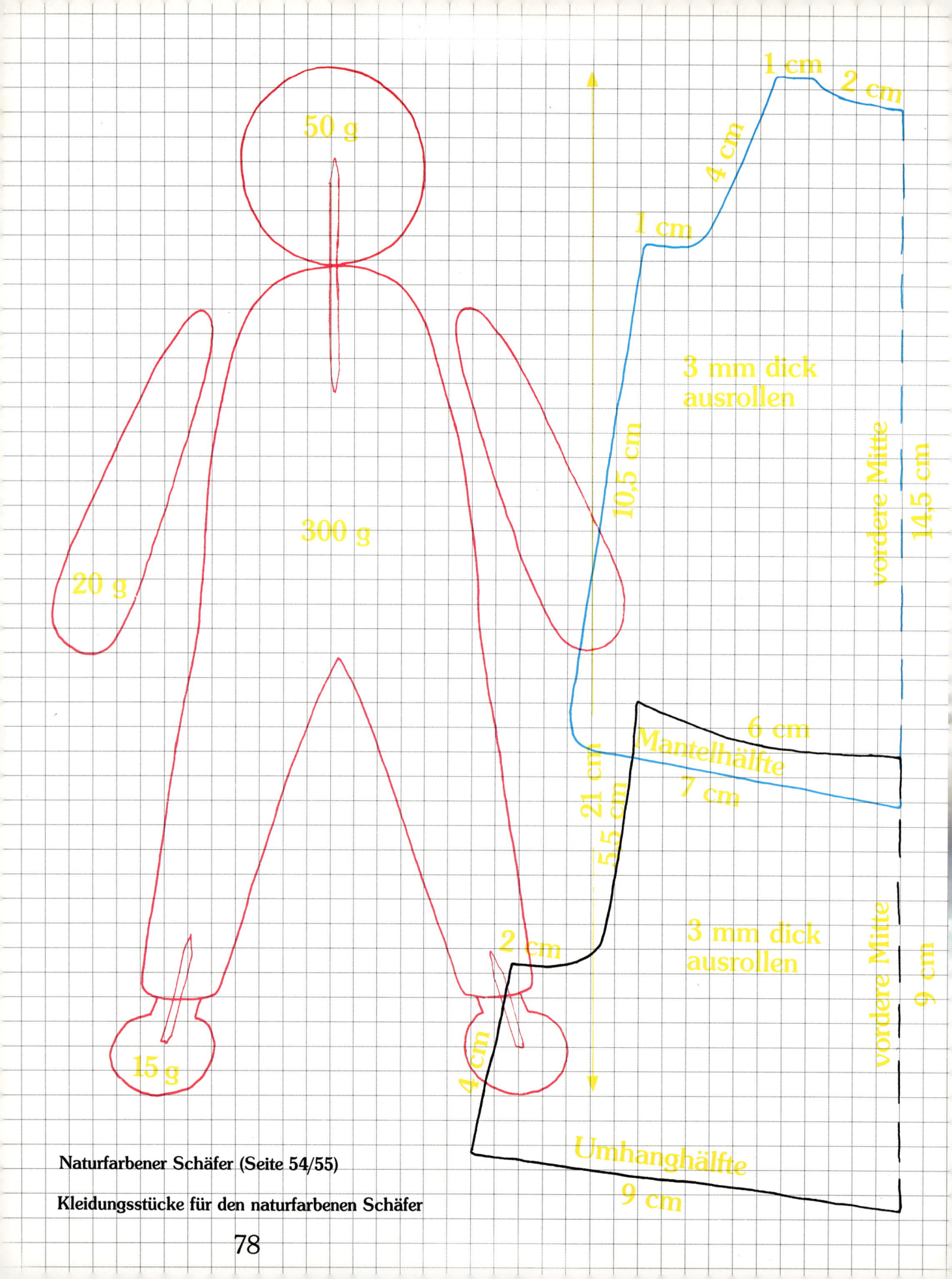

Kleidungsstücke für den naturfarbenen Schäfer

78

Baum (Seite 52/53)

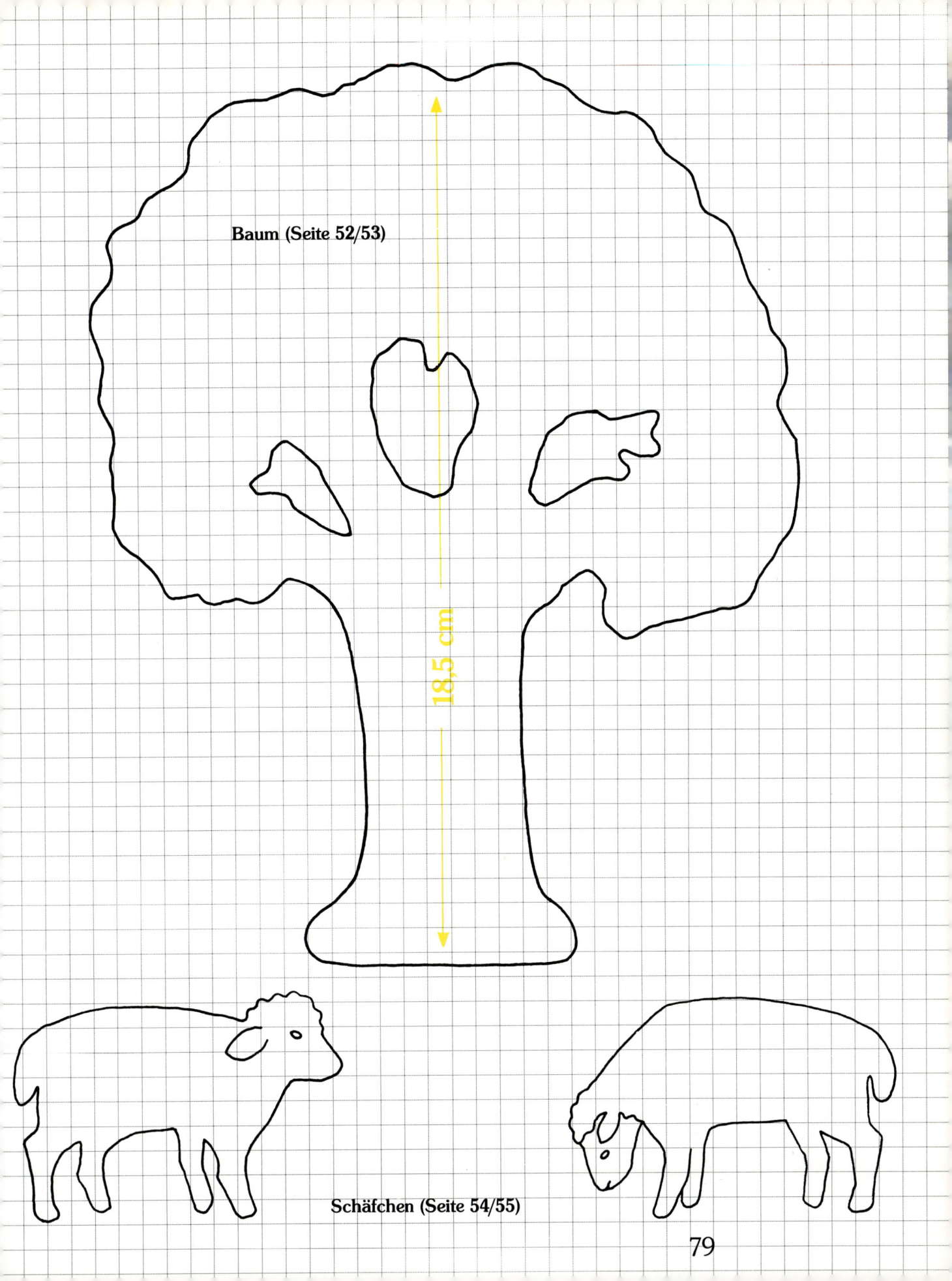

18,5 cm

Schäfchen (Seite 54/55)

79

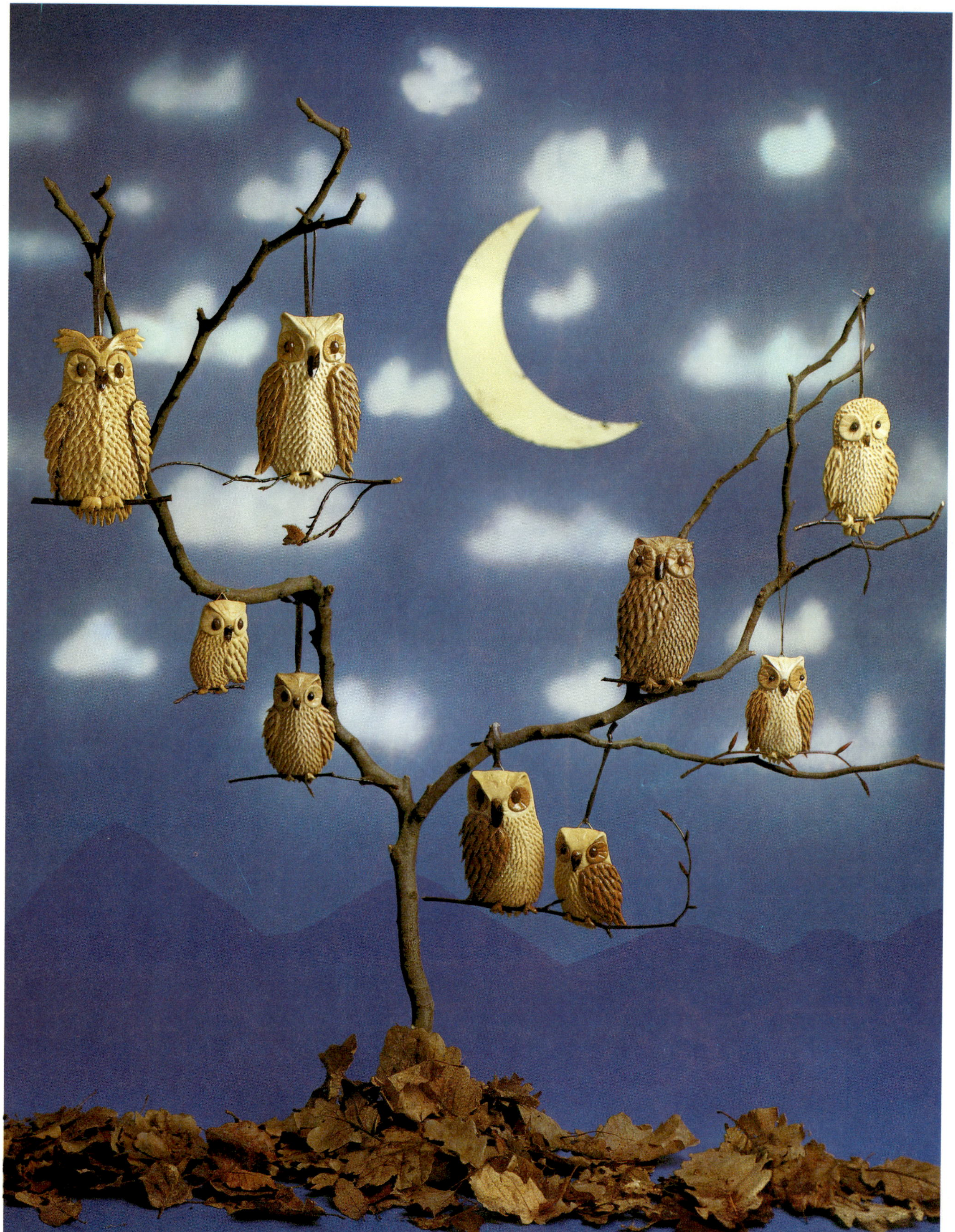

Salzteig für Fortgeschrittene

Die Teigverarbeitung

Salzteigrezepte

Die bekannten Teigmischungen sind sehr unterschiedlich. Viele schwören auf Hinzugabe von Tapetenkleister. Andere geben ein wenig Speiseöl oder Glyzerin in den Teig.

Es ist am wichtigsten, daß man eine Mischung herausfindet, mit der man selber am besten modellieren kann.

Beim Kochen und Backen ist es doch auch so, daß jeder *sein* spezielles Rezept hat, mit dem die Speisen gut gelingen.

Zur Information:
      1 Tasse Mehl = etwa 100 g Mehl
aber: 1 Tasse Salz = etwa 200 g Salz

Kleine Medaillons kann man vielfältig gestalten.

Wahlweise können sie bemalt, naturbelassen oder mit gefärbtem Teig gestaltet werden.

Salzteig für einfache Modelle	Feiner Salzteig für Filigranarbeiten	Geschmeidiger Salzteig zum Lufttrocknen
200 g Mehl	200 g Mehl	200 g Mehl
200 g Salz	200 g Salz	200 g Salz
125 ccm Wasser	100 g *Kartoffelstärke*	2 EL *Tapetenkleister*
	150 ccm Wasser	125 ccm Wasser

Wie fein man mit Salzteig modellieren kann, zeigen diese Mini-Modelle. Sie sind fast in der Originalgröße abgebildet.

Fester Salzteig für grobe Modelle

200 g Mehl

400 g Salz

125 ccm Wasser

Fester Salzteig für Kacheln und Platten

200 g Mehl

400 g Salz

2 EL *Tapetenkleister*

125 ccm Wasser

HINWEIS: Bei Teigmischungen mit Tapetenkleister nimmt man 2 EL fertig angerührten Kleister und mischt ihn unter den Teig.

WICHTIG: Beim Modellieren muß der Teig zugedeckt auf dem Arbeitsplatz zur Verfügung stehen. Er trocknet sehr schnell an, wenn er an der Luft steht.

TIP: Teigreste werden in einem geschlossenen Gefäß an einem kühlen Ort aufbewahrt.

Das Herstellen von groben und feinen Strukturen

Mit Hilfe verschiedener Utensilien, die man im Haushalt findet, kann man unterschiedliche Oberflächen gestalten.

FEINER RAUHPUTZ

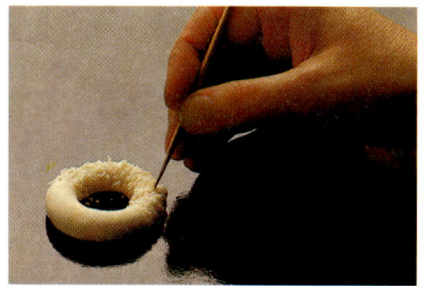

Mit einem Schaschlikspieß wird die Oberfläche gleichmäßig fein aufgerauht.

GROBER RAUHPUTZ

Von einem Teigstück werden ungleichmäßig große Teigstücke abgezupft.

Den feinen Rauhputz kann man für Gras, Haare oder Kamine verwenden.

Der grobe Rauhputz gibt einer Baumkrone ein natürliches Aussehen. Auch für Grasflächen ist er geeignet.

Durch grobe Spitze oder Gardine, die in den Teig gedrückt wird, entsteht dieses »Spitzenmuster«.

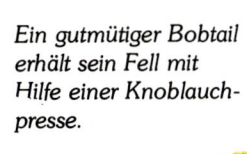

Ein gutmütiger Bobtail erhält sein Fell mit Hilfe einer Knoblauchpresse.

Die Haare der Maske und das Fell des Schäfchens werden ebenfalls mit einer Knoblauchpresse strukturiert.

Feine Teigfäden, die mit Hilfe eines Teesiebs entstehen, kann man als Fell, Haare und ähnliches verwenden.

Für größere Modelle kann man die Knoblauchpressen-Teigstränge als Fell oder Haare verwenden.

Man kann durch Einkerben des Teigs mit einem Messer schöne Holzmaserungseffekte erzielen.

Die Kreta-Struktur

Eine besonders schöne Art der Gestaltung von Gebildbrot kennt man auf Kreta, wo man Hochzeitskränze und andere symbolische Modelle formt.
Mit Hilfe von verschiedenen Kämmen und Marzipankneifer werden interessante Muster hergestellt. (Auf Kreta wird mit Brotteig modelliert.)

Der Kamm wird mit der flachen Seite auf die Scheibe gedrückt. Man kann die Scheibe in verschiedene Formen legen.

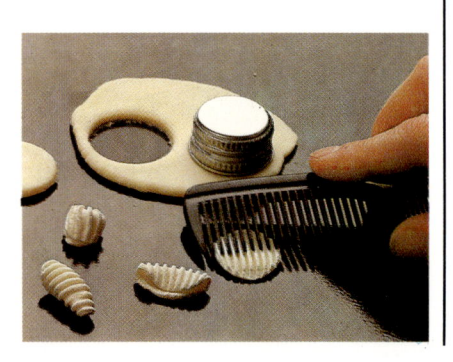

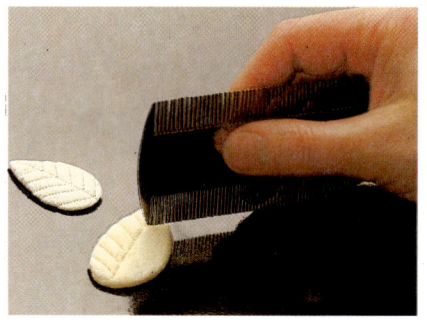

Mit einem grobzinkigen Kamm werden kleine Löcher in die Blätter gestochen. – Mit dem Marzipankneifer entstehen Doppelreihen.

Die Flügel bekommen durch einen Kamm ihre Struktur. Der Schwanz kann mit einem Kamm strukturiert oder mit einem Messer eingeschnitten werden.

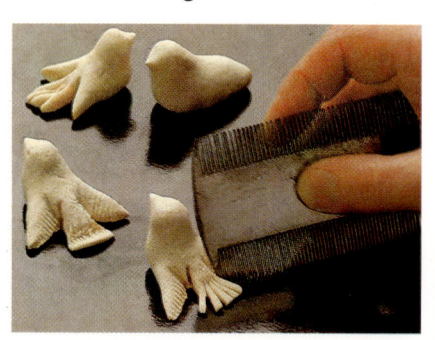

Korbmuster

Durch verschiedene Hilfsmittel kann man unterschiedliche Korbstrukturen gestalten.

Eine kleine Korbstruktur erhält man mit einer spitzen Pinzette.

Mit einem Modellierstäbchen werden ganz feine Linien in den Teig gedrückt.

Dieses Muster kann man durch aneinanderdrücken von zwei Gabeln bekommen.

Mit einem Marzipankneifer wird der Teig zusammengedrückt.

Durch Teigstreifen wird das Korbmuster »gewebt«.

Marmorieren

Verknetet man unterschiedlich gefärbten Teig miteinander, so entsteht dadurch ein Marmoreffekt. Der gemischte Teig wird so lange geknetet, bis die gewünschte Maserung entstanden ist.

TIP: Den Teig nicht zu lange kneten, da sonst der Marmoreffekt verlorengeht.

BESONDERE EFFEKTE:
Auf den ausgerollten Teig tropft man verschiedene Lebensmittelfarben und rollt ihn auf. Nun kann man dünne oder dicke Scheiben abschneiden. Durch Drücken oder Ziehen mit den Fingern kann man schöne Farbmuster entstehen lassen.

Auf den ausgerollten Teig werden einige Tropfen Lebensmittelfarbe getropft.

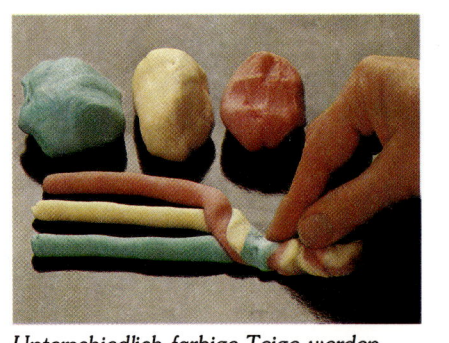

Unterschiedlich farbige Teige werden miteinander verknetet.

Der Teig wird zusammengerollt und in Scheiben geschnitten, um dann durch Ziehen oder Drücken Farbmuster entstehen zu lassen.

WICHTIG: Beim Arbeiten mit buntem Teig müssen die Hände besonders oft gewaschen werden, damit die einzelnen Farben in ihrer Reinheit erhalten bleiben.

Zusammenfügen von Modellteilen

Anschlickern

Normalerweise reicht es aus, wenn man beim Modellieren mit frischem Teig die Teile, die man zusammenfügen möchte, an der Nahtstelle mit etwas Wasser befeuchtet und sie dann zusammenfügt.

Nun gibt es aber auch Objekte, die in mehreren Arbeitsgängen entstehen, wobei auf bereits getrockneten Teilen weitermodelliert werden soll. Befeuchtet man diese Teile wie üblich nur mit etwas Wasser, um sie zusammenzufügen, lösen sich die angesetzten Teile nach dem Trocknungsvorgang wieder ab.

Damit man bereits getrocknete und feuchte Teile zusammenfügen kann, wird ein spezielles Klebematerial benutzt:

Man verwendet statt Wasser frischen »Salzteigbrei« (Schlicker), das heißt, aus etwas Teig wird durch Hinzugabe von Wasser ein Brei mit einem Modellierstäbchen angerührt (kleine Menge) und als Klebematerial benutzt.

Reparieren von getrockneten Modellen

Auch aus getrockneten Salzteigresten (luftgetrocknet) läßt sich Schlicker herstellen, indem man Salzteigkrümel mit einem Mörser oder einem ähnlichen Gegenstand zu feinem Pulver zerstößt und mit etwas Wasser zu einem Brei verarbeitet.

Beispielsweise kann man diese Methode sehr gut anwenden, wenn von einem getrockneten Objekt Teile abgebrochen sind, die man nicht mehr verwenden kann. Mit diesem speziellen Schlicker können die fehlenden Teile ersetzt beziehungsweise wieder zusammengefügt werden.

Allgemeines

– Modelliert man auf Alufolie und gibt das Modell auf der Folie in den Ofen, so benötigt die Unterseite eine wesentlich längere Trocknungszeit.
– Alufolie läßt sich sehr gut verwenden, um Teile abzudecken, die beim Bräunen zu dunkel werden, beispielsweise Blätter auf einem Kranz.

Getrocknete Salzteigkrümel werden in einem Mörser zu feinem Pulver zerstoßen.

Die defekten Beine des Schafes werden durch neu modellierte ersetzt und mit Schlicker an der Bruchstelle verbunden.

HINWEIS: Schlickert man bei braunen oder bemalten Teilen an, bzw. bessert sie aus, so muß man nach dem Trocknen versuchen, die entsprechende Farbgebung durch Übermalen wieder herzustellen.

TIP: Alte Salzteigreste können aufgehoben und getrocknet werden. Sie können zum Anschlickern wieder verwendet werden.

Das Herstellen von Stacheln

Einen sehr schönen Effekt erreicht man, wenn man bei einem Igel Stacheln einschneidet oder einer Eule oder sonstigen Vögeln Federn gibt.

Man schneidet mit einer spitzen Schere (eventuell eine gebogene Schere verwenden) an den entsprechenden Stellen vorsichtig in den Teig schräg hinein.

Je nach Beschaffenheit des Teiges (Oberflächenspannung) stellen sich die geschnittenen Federn hoch. Da sie später aber leicht abbrechen, ist es ratsam, das Federkleid oder die Stacheln mit einem trockenen Pinsel ganz vorsichtig zu glätten beziehungsweise anzulegen. Es entsteht dadurch außerdem ein natürlicheres Aussehen.

Mit einer spitzen Schere werden die Stacheln eingeschnitten. Die Größe der Schere bestimmt die Größe der Stacheln.

Vorsichtig können die Stacheln mit einem trockenen Pinsel angelegt werden.

HINWEIS: Um die Backzeit (im Elektroherd) bei diesen Igeln zu verkürzen, werden sie auf Stützhütchen modelliert. Nach dem Auskühlen können sie wieder entfernt werden.

Das Herstellen von Stützhütchen

Zur Herstellung von Modellen, die in die Höhe gearbeitet werden sollen, fertigt man Stützhütchen aus beschichteter Tortenpappe an.
Die gewünschte Größe berechnet man folgendermaßen:
Höhe × 2 = Durchmesser des herzustellenden Kreises.
Beispiel: gewünschte Höhe = 6 cm – 6 × 2 = 12 cm Durchmesser.
Man muß also einen Kreis mit einem Durchmesser von 12 cm ausschneiden. Mit einer Schere schneidet man bis in die Mitte des Kreises ein und schiebt die Pappe bis auf den gewünschten Umfang (Grundfläche) zusammen.

Mit Klebeband kann man von innen und außen dieses Hütchen zusammenkleben. Eventuell reicht auch die Hälfte des Schablonen-Kreises aus, man kann die übrige Hälfte für ein weiteres Stützhütchen verwenden.

Je nach Modell fertigt man ein hohes, spitzes, flaches oder breites Stützhütchen an.

Die Pappe wird über eine Messerklinge oder Schere gezogen, damit sie sich besser formen läßt.

TIP: Je nach Modell kann man das »Stützhütchen«, wenn das Objekt ganz trocken ist, wieder vorsichtig entfernen und ein weiteres Mal verwenden.

HINWEIS: Bei diesem Verfahren entstehen keine inneren Risse am Modell – im Gegensatz zur Aushöhltechnik.
Die Energie-Ersparnisse beim Trocknen sind ganz enorm durch die wesentlich kürzere Backzeit.

Hohle Salzteigmodelle

Das Aushöhlen

Wenn man dicke Modelle herstellt und den Trockenvorgang verkürzen möchte, kann man diese Modelle aushöhlen.
Damit die Modelle nicht am Backblech haften bleiben, stellt man sie auf Alufolie. Nach etwa zwei Stunden Backzeit bei 50°C–75°C (Elektroherd) holt man die Teile aus dem Ofen. Man kann sie vorsichtig in die Hand legen (Topflappen!) und die Alufolie abziehen, um sie dann auszuhöhlen.

Der Außenmantel beziehungsweise die äußere Hülle sollte beim Aushöhlen schon eine getrocknete Dicke von etwa 2 mm haben, damit sie bei der Bearbeitung nicht so leicht deformiert werden kann.
Man kann mit einem Melonenausstecher vorsichtig einen Teil des inneren, feuchten Teiges herausholen. Es sollte eine Wand von 5 mm zurückbleiben.
Nachdem das Modell ganz ausgetrocknet und auch ausgekühlt ist, können die entstandenen Risse im Innern mit einem Kompaktkleber oder einem nicht zu flüssigen Kaltleim geschlossen werden.

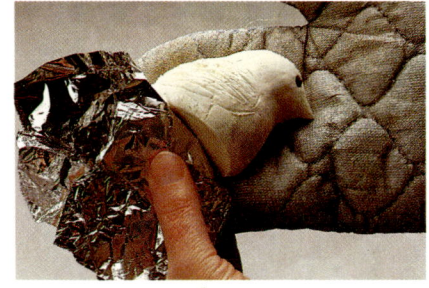

Vorsichtig wird die Alufolie von dem feuchten Boden abgezogen.

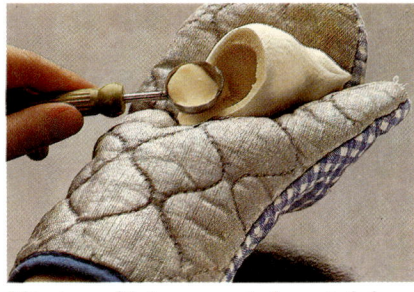

Mit einem Melonenausstecher wird der Teig aus dem Inneren herausgeschält.

WICHTIG:
Bei diesem Verfahren muß man sehr vorsichtig arbeiten, da man sonst die Modelle zerdrückt.

TIP:
Günstiger ist es, bei dicken Modellen Stützhütchen zu verwenden.

HINWEIS:
Die Energie-Ersparnisse bei ausgehöhlten Modellen ist sehr groß – bis zur halben Trockenzeit! Das ist besonders bei den Elektroherden von Bedeutung.

Das Gestalten von Vasen

Man nimmt eine kleine Vase und verkleidet sie von außen ganz gleichmäßig mit Salzteig – unter Aussparung des Bodens.
Um den Salzteig nach dem Backvorgang wieder von der Vase lösen zu können, schneidet man die Salzteigverkleidung in zwei Hälften.

Während des Trocknungsvorganges kann sich der Teig zusammenziehen, ohne in Spannung zu geraten und Risse zu bilden.

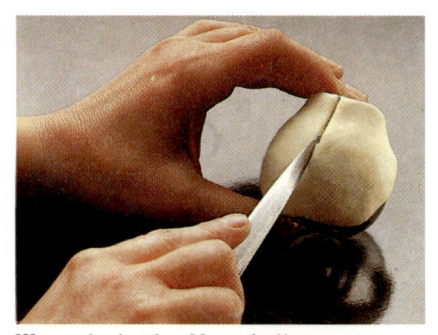

Wenn die beiden Vasenhälften ganz trocken und ausgekühlt sind, werden sie vorsichtig von der Form genommen.

Die beiden Hälften werden durch Schlicker und Salzteig miteinander verbunden und wieder getrocknet.

Das Gestalten von Schalen

Durch Hilfsformen aus Keramik, feuerfestem Material oder ähnlichem, lassen sich entsprechende Modelle aus Salzteig gestalten. Man kann sie teilweise sowohl von innen, als auch von außen verkleiden. Verkleidet man von außen, kann man Muster in die Außenwand des Salzteiges, beispielsweise mit einer Pinzette, kneifen.

Verkleidet man die Form von innen, muß man sehr sorgfältig von der Mitte des Bodens aus den Teig nach außen verteilen, damit keine Lufteinschlüsse zurückbleiben. Der Salzteig löst sich von selbst aus der Form, wenn er ganz trocken ist.

Verschiedene Formen können von innen oder außen mit Teig verkleidet werden. Je nach Modell kann mit einer Pinzette das Korbmuster gestaltet werden.

WICHTIG: Man sollte darauf achten, daß man den Salzteig wieder abstreifen kann. Das geht beispielsweise nicht, wenn der Behälter sich oben *und* unten verjüngt.
Der Salzteig-Mantel darf erst nach *vollständigem* Trocknen von der Form entfernt werden.

HINWEIS: Die Teigmischung sollte aus festem Salzteig mit Tapetenkleister bestehen (siehe Rezept).

TIP: Die Hilfsform kann evtl. mit ein wenig Öl bestrichen werden.

HINWEIS: Beim inneren Ausformen entstehen kaum Spannungen im Teig, da sich der Teig seinem Trocknungsgrad entsprechend zusammenziehen kann, was beim äußeren Verkleiden nicht in diesem Maße möglich ist.

Ist der Vasenmantel ausgekühlt, stellt man ihn auf ausgerollten Teig und schneidet den Boden passend aus.

Durch Anschlickern wird der Boden mit dem Oberteil verbunden und wieder getrocknet.

93

Das Gestalten von Reliefs und Wandbildern

Reliefs (Teil-Plastiken) kann man auf verschiedene Arten gestalten:

Aufbauschema:
1. Das Salzteigbild wird ohne Hintergrund (Grundplatte) modelliert und später auf ein Fremdmaterial aufgeklebt.
Als Fremdmaterial kann Holz, Kork, Pinnwand oder Stoff verwendet werden.

2. Das Salzteigbild wird auf einen Salzteiguntergrund modelliert.
Die Grundplatte wird aus festem Salzteig mit Tapetenkleister (siehe Rezept) angefertigt. Das Bild kann – je nach Motiv – aus einfachem, feinem oder geschmeidigem Salzteig gearbeitet werden (siehe Rezepte).

3. Das Salzteigbild wird auf eine fertig gebackene Salzteigkachel modelliert.
Bei diesem Aufbau sollte zur besseren Haftung angeschlickert werden (siehe Kapitel: »Zusammenfügen von Modellteilen«.
Ein besonderer Effekt entsteht, wenn man beispielsweise die Kachel braun einfärbt und den späteren Aufbau in naturbelassenem Salzteig modelliert.

Das fertige Salzteigmodell wird auf eine Korkplatte aufgeklebt.

Auf einer Salzteigplatte wird im gleichen Arbeitsgang weitermodelliert.

Zuerst wurde die Salzteigplatte gebacken und gebräunt. Nach dem Auskühlen beginnt man mit dem Gestalten des Bildes.

WICHTIG: Damit auf der Kachel beziehunsweise auf der Salzteiggrundplatte keine Wasserflecken entstehen, sollten die aufzusetzenden Teile jeweils von der Unterseite befeuchtet werden. Die Salzteiggrundplatte darf keinen Temperaturschock bekommen – sie bricht sonst entzwei.

94

95

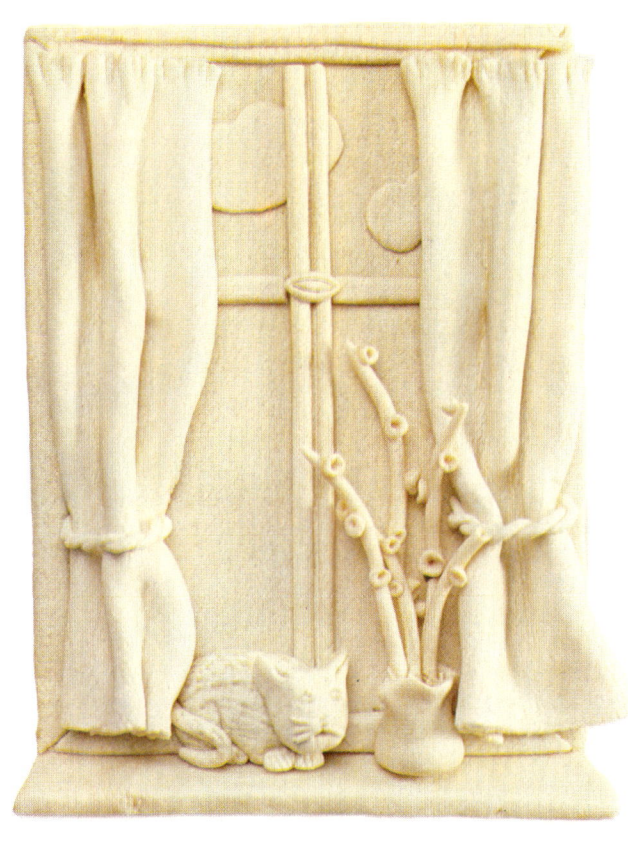

Das Herstellen von Bilderrahmen

Eine Platte (fester Teig mit Tapetenkleister – siehe Rezept) wird rund, oval oder eckig hergestellt und gleich mit einem Rahmen versehen.
Am einfachsten ist der Rahmen für runde und ovale Platten herzustellen.
Man rollt einen Teigstrang aus, legt ihn um die befeuchtete Grundplatte und schließt ihn zum Rahmen. Die beiden Enden sollten sehr sorgfältig verbunden werden, so daß man die Nahtstelle nicht so sieht.

Es gibt noch eine andere Art, Rahmen zu gestalten: Man rollt einen Teigstrang in der doppelten Dicke, die der Rahmen haben soll, aus.
Mit einem runden Gegenstand drückt man eine Hälfte des Teigstranges flach – es entsteht eine Bilderrahmenleiste.
Die Ränder der Platte werden befeuchtet, und die Leiste wird vorsichtig angesetzt.
Mit einem Modellierstäbchen drückt man die Leiste am Rand der Platte fest an.
Der dicke Teil ragt über die Platte, der dünne Teil haftet am Plattenrand.

Um die befeuchtete Grundplatte wird ein Teigstrang gelegt.

Der dicke Teil der Bilderleiste ragt über die Grundplatte, der dünne Teil haftet am Rand derselben.

TIP: Man kann Bilderaufhänger, die in verschiedenen Größen angeboten werden, auf dem Rücken des lackierten Modells mit Kleber anbringen. (Die Größen richten sich nach dem Gewicht des Modells.)

Bilderaufhänger werden in verschiedenen Größen angeboten. Je nach Gewicht des Modells wählt man unterschiedliche Größen aus. Die Tragfähigkeit ist auf der Verpackung angegeben. Mit Kleber können sie auf die fertig lackierten Modellrücken aufgeklebt werden.

Bei eckigen Rahmen kann man zwischen drei Verfahren wählen:
1. Man legt die Leiste wie beim runden oder ovalen Rahmen um die Teigplatte, arbeitet die Ecken ein wenig aus und schließt die Leiste zum Rahmen.

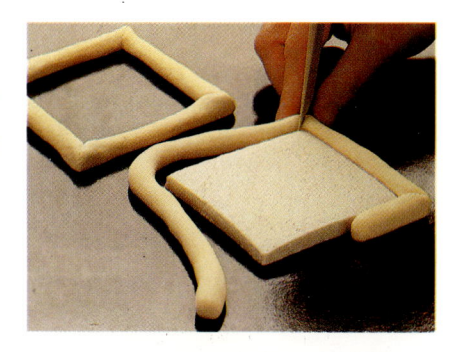

2. Die Leistenstücke werden gerade abgeschnitten und an die Teigplatte angesetzt.

3. Es wird ein Gehrungsschnitt nachgearbeitet, das heißt, die Leiste wird schräg abgeschnitten.

Der Aufbau von Figuren

Man formt einen dicken, langen Teigstrang für den Rumpf und die Beine. Für die Beine schneidet man ein Stück des Teiges ein.

Die Beine können rund geformt werden, eventuell schneidet man etwas Teig ab, wenn die Beine zu dick sind.
Der Kopf wird aus einer dicken Teigkugel geformt und angesetzt.

Dann kann das Bekleiden der Puppe beginnen (siehe Kapitel: »Schnittbögen herstellen«, S. 99). Die Reihenfolge der einzelnen Bekleidungsstücke muß beachtet werden.

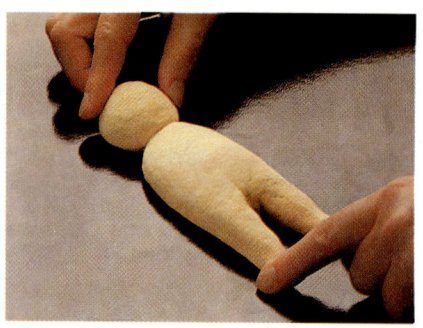

Der Kopf wird aus einer dicken Teigkugel geformt und angesetzt.

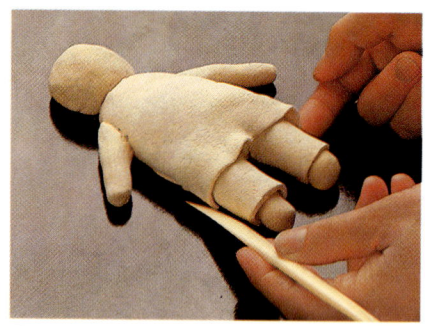

Bei der Relief-Puppe werden die Bekleidungsstücke seitlich an den Körper angelegt.

Haare modellieren

Die Haare kann man unterschiedlich herstellen: Je nach Größe des Kopfes und der gewünschten Frisur kann man aufgerauhte Teigstücke (als Lockenkopf) verwenden, feine Haarsträhnen mit einem Teesieb, gröbere mit einer Knoblauchpresse formen, oder man fertigt sich vom Umfang der Frisur einen Schnittbogen an.

Der Teig wird dünn ausgerollt, die Haarfläche ausgeschnitten und der Scheitel markiert.

Nun werden zum Scheitel hin feine Haarsträhnen eingeschnitten, wobei die Haarspitzen *ganz* durchgeschnitten werden, um später schöne Strähnen zu legen.

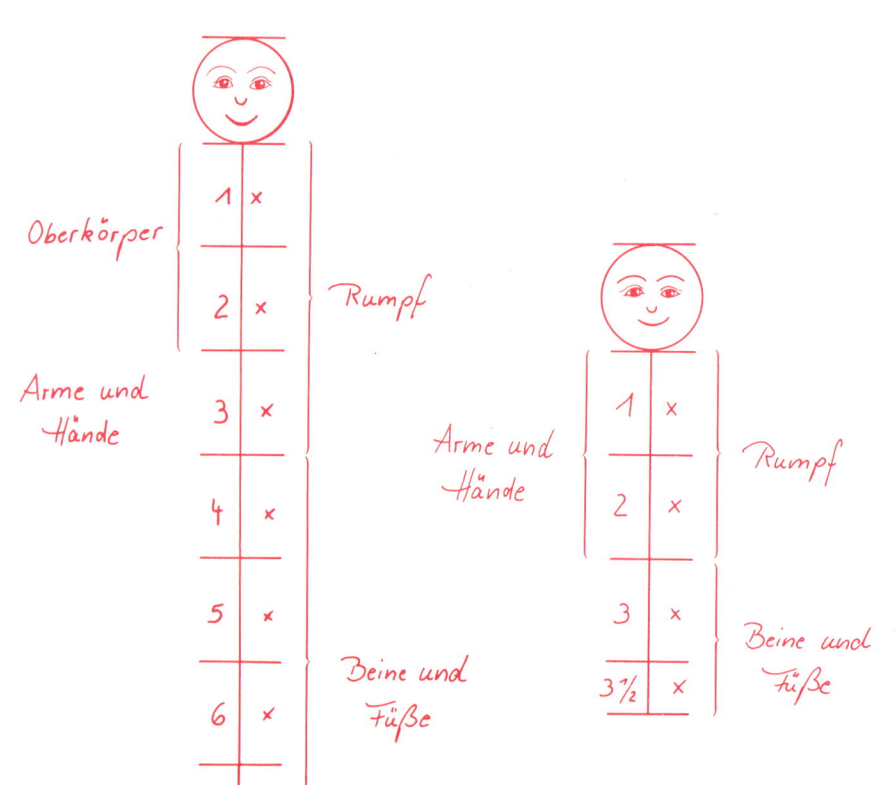

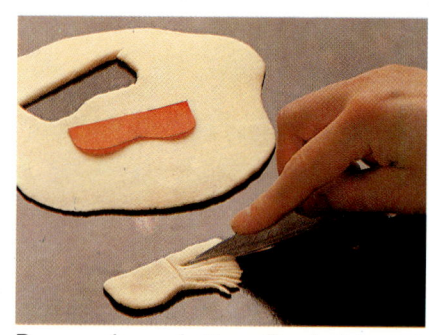

Das gerade geschnittene Randstück wird am Hinterkopf angelegt. In die vordere Vertiefung kann ein Pony angepaßt werden.

Man kann Puppen in verschiedenen Proportionen gestalten:
Die linke Zeichnung zeigt eine Proportion, bei der der Kopf siebenmal in den Körper paßt. Dieses Größenverhältnis eignet sich besonders gut für »erwachsene« Figuren, beispielsweise den Vagabund.
In der rechten Zeichnung ist eine Proportion angegeben, bei der der Kopf dreieinhalbmal in den Körper paßt. Dieses Verhältnis kann für kleinere »Salzteigpuppen und -kinder« verwendet werden.

Schnittbögen herstellen

Es ist vorteilhaft, wenn man weiß, wie man selbst die Garderobe seiner Puppen herstellen kann und somit seinen Puppen eine ganz persönliche Note gibt.

Je nach Aufbau kann man mit der Unterwäsche anfangen und die Puppe dann weiter nach oben anziehen. Wenn man Körper, Kopf, Arme und Beine modelliert hat und mit der Bekleidung beginnen will, kann man mit Hilfe von *Pergamentpapier* die einzelnen Schnitte herstellen:

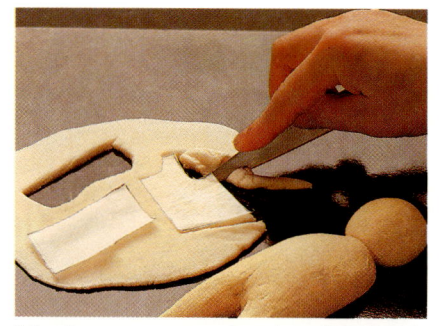

Man legt ein entsprechend großes Stück Pergamentpapier auf das Modell und schneidet es mit einer kleinen Schere passend.

Das Pergamentpapier legt man dann auf dünn ausgerollten Teig und schneidet ihn aus. Auf diese Weise kann man die ganze Puppenfamilie anziehen – jede Figur auf eine andere Art. So wird man nebenbei noch zum (zur) »Salzteig-Schneider(-in)«.

Der Vagabund hat viele schöne Einzelteile.

Durch die Farbgebung wirkt dieser Sandmann besonders freundlich.

99

Der Aufbau von Skulpturen

Eine langwierige, aber effektvolle Arbeit ist es, Skulpturen aus Salzteig herzustellen. Da der Salzteig ein schwerer Teig ist, der ab einer bestimmten Höhe (etwa 6 cm) durch das Eigengewicht keine Form halten kann, muß dieser Nachteil durch zwei andere Arbeitsweisen ausgeglichen werden:

1. Siehe die Anleitung im Kapitel »Das Herstellen von Stützhütchen«.

2. Man stellt die Modelle zunächst halbseitig her, das heißt:
Man modelliert beispielsweise wie gewohnt eine Puppe von der vorderen Seite her. Dabei muß man berücksichtigen, daß später der Rückenteil weitermodelliert wird. Das Vorderteil der Puppe wird nach der üblichen Methode getrocknet. Ist sie dann ganz trocken und ausgekühlt, wird die fehlende hintere Hälfte der Puppe anmodelliert.

WICHTIG: Die fertige Modellhälfte legt man zum Weitermodellieren auf ein dickes Handtuch-Polster, damit nichts beschädigt wird, beziehungsweise damit keine Teile abbrechen.

Beim zweiten Arbeitsgang muß man zuerst die Modellränder mit einer Feile bearbeiten und die fehlenden Partien in der Grobstruktur aufmodellieren.
Die Übergangsstellen von den getrockneten zu den frisch modellierten Teilen müssen sehr sorgfältig bearbeitet werden.

Die Bekleidung wird vom Körper weg freistehend modelliert.

Mit einer Feile werden die Ränder bearbeitet.

Bevor die Kleidung angelegt wird, baut man die Figur fertig auf.

Die Übergangsstellen werden nahtlos beimodelliert.

HINWEIS: Auf die Reihenfolge der Bearbeitung achten!
Beispielsweise dürfen die Haare erst angelegt werden, wenn der Kragen modelliert ist.

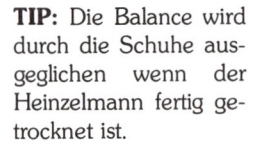

TIP: Die Balance wird durch die Schuhe ausgeglichen wenn der Heinzelmann fertig getrocknet ist.

Wie gut man bei Salzteigmodellen Gesichter modellieren kann, sieht man an diesem kleinen Buddha. (Höhe: 7 cm)

101

Vom Umgang mit Pflanzen

Wirklich nur Unkraut?
Schaut man sich einmal intensiv die Weg- und Waldränder an, was am und auf dem Felde wächst, so findet man leicht Dekoratives für Salzteigmodelle.
Wer kennt beispielsweise die Flockenblume, das aufgeblasene Leimkraut, das Acker-Täschelkraut oder den Wasser-Braunwurz? Auch als Großstädter hat man genügend Möglichkeiten, dekorative Pflanzen das ganze Jahr über zu sammeln.
Je nach Jahreszeit sammelt man Blüten, Gräser, Frucht- oder Samenstände.

WICHTIG: Wenn man in der freien Natur sammelt, sollte man unbedingt darauf achten, daß man *keine geschützten, gefährdeten* oder *giftigen* Pflanzen pflückt!
Wer einen Garten besitzt, kann sich gezielt Strohblumen, bestimmte Gräser, Schleierkraut usw. pflanzen, um sie später auf irgendeine Weise für dekorative Zwecke zu verwenden.
Viele Blumen kann man trocknen, pressen und je nach Anlaß mit Gold besprühen.

HINWEIS: Braune Pflanzen können gleich beim Modellieren mit in das Modell eingearbeitet werden. Helle oder bunte Pflanzen leiden unter der Hitze des Backofens. Es ist deshalb günstiger, sie nach dem Backvorgang am Modell anzubringen.

Trocknen

Es gibt viele Möglichkeiten, Blumen, Gräser, Frucht- oder Samenstände zu trocknen oder zu konservieren. Man hängt z. B. die Pflanzen gebündelt, mit dem Kopf nach unten, an einen dunklen, luftigen Platz.

TIP: Wenn man die Pflanzen bündelt, sollte man einen Gummiring verwenden, da dieser sich dem Trocknungsgrad der Stiele anpaßt.

Man kann statt einige Wochen an der Luft zu trocknen auch in kurzer Zeit im Backofen seine gesammelten »Schätze« trocknen. Dazu legt man sie – je nach Art der Pflanzen – auf einem Backblech einzeln nebeneinander (beispielsweise Gräser, große Blätter) oder verwendet ein Kuchengitter oder Hasendraht und steckt die Blumen mit den Stielen nach unten durch, so daß die Köpfe auf dem Gitter aufliegen und die Stiele senkrecht nach unten hängen.

Verschiedene Naturmaterialien, die sich gut für die Dekoration von Salzteigobjekten verarbeiten lassen.

Bei schwacher Temperatur (60°C) sind die Blumen in etwa 30–40 Minuten getrocknet – je nach Beschaffenheit.

HINWEIS: Man sollte immer zwischendurch einen Blick in den Ofen werfen und den Trockenvorgang überprüfen.

Mit verschiedenen Hilfsmitteln können Trockenblumen an Salzteigmodellen befestigt werden.

Einfärben

Möchte man Gräser, Mohnkapseln usw. *bleichen,* hängt man sie in die pralle Sonne. Mit farbigem Sprühlack kann die natürliche Farbe etwas verstärkt werden, oder aber man sprüht die Pflanzen in einer anderen Farbe ein.

Baumkronen können mit Naturalien wie Erlenäpfelchen, Bucheckern und ähnlichem dekoriert werden.

HINWEIS: Welche Pflanzen sich einfärben lassen, muß man ausprobieren.

Manche Pflanzen lassen sich *einfärben.* Man kann dazu Batikfarbe verwenden, die man in Gläser gießt und die getrockneten Gräser oder Pflanzen mit den Köpfen nach unten in das Farbbad hängt. Dabei ist zu beachten, daß die Köpfe nicht auf dem Boden des Glases aufliegen, sondern sich schwimmend im Glas bewegen können. Nach ein paar Tagen kann man die Pflanzen wieder aus dem Farbbad nehmen, trocknet sie vorsichtig mit Küchenkrepp ab und läßt sie mit dem Kopf nach unten an einem dunklen, luftigen Platz trocknen.

TIP: Wer einen Umluftherd besitzt, kann das Trocknen beschleunigen. Bei 60°C dauert der Trockenvorgang etwa 20 Minuten. Speziell für die Gräser ist diese Art sehr günstig, sie werden locker und duftig.

Besprüht man die Pflanzen mit Gold oder anderen Farben, ist es ratsam, einen Schuhkarton oder eine andere kleine Kiste zu verwenden, die man als Farb-Auffangwand hinstellt, um nicht zu viel Farbe in die Gegend zu sprühen.

Für das Goldspray sollte ein Auffangbehälter aufgestellt werden.

Weiterverarbeitung

Die präparierten Pflanzen können mit Hilfe von Knety, Mosy oder ähnlichen Steckmassen auf die Salzteigmodelle aufgesteckt werden.
Je nach Modell kann man auch durch einen Kompaktkleber die Pflanzen zu Gestecken zusammenkleben.

Lackieren

Um die Farben der Pflanzen hervorzuheben, besprüht man sie mit Haarspray. Diesen Vorgang kann man nach einiger Zeit wiederholen, um die Farben aufzufrischen.

Entstauben

Sind die Gestecke mit der Zeit staubig geworden, können sie mit einem Fön wieder entstaubt werden.
Den Fön stellt man auf die kälteste Stufe ein und nähert sich vorsichtig dem Gesteck, damit zarte Gräser nicht durch den Luftstrom verletzt werden.

105

Gestalten mit Naturmaterialien

Das Obstkörbchen ist mit zahlreichen Äpfeln und Bananen gefüllt.

Aus sehr vielen Salzteigfrüchten ist dieser Kranz zusammengesetzt.

Der Herbstzopf wurde nach dem Lackieren mit Trockenblumen verziert.

Bei diesem Mini-Herbstzopf kann man sehr gut die modellierte Schlaufe erkennen. Sie besteht aus zwei Teigsträngen, die miteinander verbunden sind. Der dritte Teigstrang wurde abgetrennt.

Die Grundform des Korbes wird modelliert, gebacken und lackiert. Danach werden die Trockenblumen aufgeklebt und bekommen durch Haarspray Glanz.

107

Modellanregungen

Eine Blumenfrau auf einer Holzplatte

Als Untergrund für dieses Bild mit der Blumenfrau verwendet man am besten ein Holzbrett, z. B. ein rundes Frühstücksbrettchen. Die fertig modellierte, bemalte und lackierte Figur klebt man dann auf das Brett und setzt Trockenblumen, Moos oder sonstige Naturmaterialien zu ihren Füßen auf. Natur- und Grüntöne wirken für die Bemalung der Kleidung am besten.

Ein Zwergenbild mit Rahmen

Das Bild wird nach Maß des Rahmens gestaltet, der aber erst nach dem Trocknen angepaßt wird. Die Bank wird aus Holz ein-gearbeitet und das Zwerglein darauf modelliert. Nachdem der Gartenzaun und die Sonnenblumen gestaltet sind, können die Pilze mit der Igelin darauf plaziert werden. Wenn das Bild fertig getrocknet ist, wird die Baumkrone über den Rahmen geformt.

Ein Salzteigzoo in Braunweiß

Zuerst wird die Salzteigplatte hergestellt und fertig gebacken. Nach dem Auskühlen kann man mit der Bildgestaltung beginnen. Dazu wird für das Dach ein Gerüst angebracht. Für jede Dachschindelreihe wird ein Teigstrang gelegt, auf dem die vorgetrockneten Schindeln angebracht werden. Man ordnet sie von unten nach oben reihenweise an. Den Kater modelliert man aus braunem Teig oder malt ihn mit Wasserfarben an. Den »Eheknoten« simuliert man aus technischen Gründen.

Für das Schwein wird naturbelassener Teig verwendet. Die Nasenlöcher werden mit einem Schaschlikspieß eingedrückt.

Man modelliert diesen Elefant aus Weizenteig und mit Kaffee eingefärbtem Teig. Die meisten Teile werden aus Teigrollen geformt. Der Drahtaufhänger wird beim Modellieren in den Kopf gesteckt.

Der Korb dieser kleinen Katzenfamilie wird aus gefärbtem Teig modelliert. Die Katzenmutter und ihre Jungen sind mit Wasserfarben bemalt.

Dem kleinen Eichhörnchen wird ein schöner, dicker, braungefärbter Schwanz modelliert. Das Nüßchen und die Hände heben sich durch die Braunfärbung ab.

Aus einer Salzteigrolle formt man das Fenster. Die Eulen werden teilweise mit gefärbtem Teig gestaltet. Der Fensterbogen wird durch das Backen gebräunt.

Ein Koalabär läßt sich besonders schön gestalten. Aus zwei dicken Teigkugeln besteht der Körper dieses kleinen Teddybärs.

Eulen und ein Käuzchen

Für alle Eulen-Liebhaber sind diese Modelle gedacht. Wie unterschiedlich Eulen gestaltet werden können, zeigen diese Beispiele. Ein Käuzchen hat sich zu den Sumpfohreulen gesellt.

Den Eulen wird beim Gestalten ein Buchenzweig auf den unteren Bauchteil gelegt, der durch die Krallen gehalten wird.

HINWEIS:
Um die zarten Federn nicht zu verletzen, sollte man die Eulen nur seitlich an den Augen anfassen. – Einen farblichen Effekt kann man durch unterschiedliche Einfärbungen erreichen.

113

Figuren wie aus dem Märchen

Mit Salzteig lassen sich sehr schöne Bilder, beispielsweise aus der Märchenwelt gestalten, wie man an dieser Mühle sieht.

Besonders beim Basteln mit Kindern regen Themen aus der Märchenwelt die Phantasie an, die die Kinder dann beim Modellieren kreativ umsetzen können.

Zuerst wird bei dieser Szene die Mühle und dann der Müller geformt. Anschließend wird das Getreidefeld aus zwei Rechtecken mit einem spitzen Messer strukturiert.

Beim Wichtelmännchenbild wird zuerst das Pilzhaus gestaltet: die Tür mit dem Türgriff, dem Briefkasten, dem Käferchen und dem Schornstein. Danach wird das Wichtelmännchen modelliert. – Der Garten entsteht auf einer Teigrolle, die unter das Haus gelegt und mit Blumen verziert wird. Zum Schluß werden die vielen kleinen Einzelteile geformt.

Max und Moritz, diese beiden, mögen alle Kinder leiden. Die bunten Farben werden schön deckend aufgetragen.

Der Mund ist hier ein nach oben gebogener Strich, bei dem die Mundwinkel gekennzeichnet sind.

115

Frei stehende Gegenstände

Ein Kachelofen aus Salzteig

Die Gestaltung des Kachelofens und der vielen Details, ist eine lange aber schöne Arbeit. Zuerst stellt man den Ofen-Rohling her. Mit einem runden Förmchen kann die Ausbuchtung für die Holzscheite vorgenommen werden. Aus groben Teigstücken gestaltet man den Rauhputz. Mit einem Messer werden Rillen für die Kacheln eingeschnitten. Die runden Kachelscheiben werden einzeln modelliert und auf die Kacheln gelegt.

Die runden Kachelscheiben werden einzeln modelliert und genau in die Kachellinien eingepaßt.
Die Vase wird um einen Schaschlikspieß modelliert und ist dadurch hohl.

Mit viel Geschick kann man auf dünnen Zahnstochern einen Minischal stricken.

Die Holzscheite werden aus Salzteig geformt.

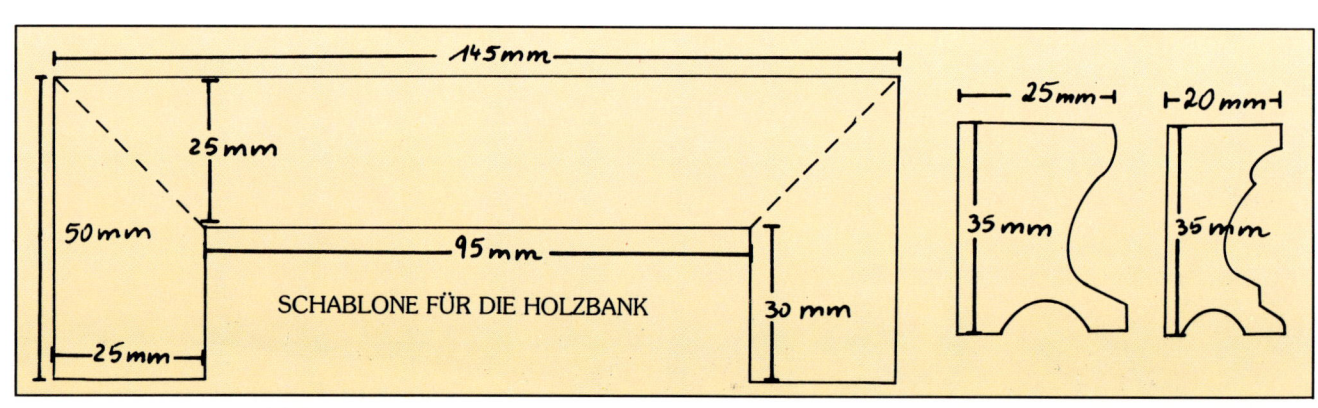

SCHABLONE FÜR DIE HOLZBANK

145 mm — 25 mm — 50 mm — 95 mm — 30 mm — 25 mm — 25 mm — 20 mm — 35 mm — 35 mm

Ein sitzender Junge mit Schirm

Schon immer war es ein Bedürfnis des Menschen, den menschlichen Körper aus formbaren Materialien nachzubilden. Skulpturen aus Salzteig zu modellieren, ist eine ganz neue Möglichkeit. Die Autorin hat dazu verschiedene Techniken entwikkelt, wie man sie beispielsweise an diesem Nachtwächter sehr schön erkennen kann.

Der Stock vom Schirm muß mit Draht oder einem Zahnstocher verstärkt werden.

Nachtwächter »Benjamin«

Der Nachtwächter wird in vielen Arbeitsgängen gestaltet. Man fängt mit dem Modellieren der Vorderseite an und trocknet sie. Dabei ist zu beachten, daß der Arm gut abgestützt wird. Der Aufbau ist im Kapitel »Der Aufbau von Skulpturen« (S. 100) beschrieben. Den Hut paßt man erst an, wenn die Figur von beiden Seiten fertig modelliert und getrocknet ist. Aus einem Schaschlikspieß entsteht die Hellebarde, deren Spitze aus Salzteig geformt wird.

Von hinten ist die Skulptur genauso exakt geformt wie von vorne. Die Kleidungsstücke wurden einzeln aufgesetzt.

Gürtel und Tasche werden getrennt modelliert. Die Schnalle und der Taschenrand werden mit Silberbronze bemalt.

Die Laterne wird aus Pappe und Transparentpapier gebastelt. Der Bügel ist aus Silberdraht geformt.

117

Einzeln modelliert und dann kombiniert

Bei diesem Alphabet hat jedes Salzteigteilchen seine besondere Bedeutung: In jedem Kästchen ist ein Gegenstand angebracht, dessen Anfangsbuchstabe mit einem Buchstaben aus dem Alphabet übereinstimmt. Als Untergrund wird eine dünne Holzplatte verwendet, die mit einer Leiste eingefaßt wird. Die einzelnen Kästchen werden noch einmal gleichmäßig mit dünnen Leisten oder mit Strichen abgeteilt. Die einzelnen Teile müssen sehr fein gearbeitet werden. Daher verlangt dieses Objekt viel Zeit und Geduld.

Wenn die Salzteiggegenstände nicht angeklebt werden, können Kinder diese Tafel auch zum Spielen benutzen. Wer hat zuerst fünf Teile an die richtige Stelle gesetzt?

Ein Wandbild mit plastischen Figuren

Das Apfelbaum-Bild vereint sowohl die Relief- und die Vollplastikgestaltung. Der Baum und das Mädchen sind als Reliefs modelliert, während der Junge auf der Leiter als Skulptur oder Plastik geformt wurde. Der Rasen ragt als Fläche aus dem Bild heraus.

Für den Baumstamm und die Astgabelungen wurde ein echter Ast eingearbeitet, bei dem zuvor die Rinde geschält wurde. Weitere Naturalien in diesem Bild wurden für das Nest, das Futter im Schnabel von Mutter Amsel und die Blümchen auf der Wiese verarbeitet. Das Hüpfseil des Mädchens besteht aus einer Baumwollschnur.

Zuerst gestaltet man den großen Baum, das Rasenstück und die Leiter. Das kleine Mädchen und ein Teil des Jungen werden als nächstes modelliert. Anschließend werden der Korb und die Äpfel geformt. Nach der Bemalung wird das Bild zusammengestellt.

Das Nest wird aus Gräsern gebaut und im feuchten Salzteig befestigt. Die Salzteigschnäbel schneidet man mit einer spitzen Schere.

Der Junge wird wie im Kapitel »Skulpturen« beschrieben geformt.

Der Apfelkorb wird plastisch modelliert. Das Korbmuster erreicht man, indem man mit der Pinzette in den noch feuchten Salzteig eindrückt.

119

Salzteigbilder mit und ohne Rahmen

Mit Salzteig lassen sich schöne Bildchen gestalten. Man kann beispielsweise eine Keramikkachel als Hintergrund verwenden, oder man malt eine Landschaft auf Papier und befestigt einen Salzteigbaum darauf. Salzteigkacheln werden mit einem festen Teig mit Tapetenkleister hergestellt. Ob man auf die Kacheln gleich modelliert oder erst auf die getrockneten, hängt vom Motiv ab. Auch rustikale Borten lassen sich gut kombinieren.

121

Salzteigschmuck

Geformten Draht für Ohrringe erhält man im Bastelgeschäft.

In die Teigplättchen der Ohrringe wird eine Silberdrahtschlaufe eingearbeitet, durch die der Ohrringdraht gezogen wird.

Die kleinen Elefantenpailletten werden in den feuchten Teig gedrückt. Man darf diese Schmuckstücke nur bei schwacher Temperatur oder an der Luft trocknen.

Für ovale Broschen gibt es Verschlüsse, die auf einer Metallscheibe befestigt sind.

Die kleine Schmetterling-Scheibe wurde nach der Fertigstellung auf die kleine Platte am Nadelkopf geklebt.

Anhänger aus Salzteig kann man sehr gut mit Silberdraht und Glasperlen ergänzen. Die Silberdrahtkette wird mit einer Rundzange geformt.

Die kleinen Broschen bekommen nach der Fertigstellung einen Broschenverschluß auf die Rückseite geklebt.

Die Salzteigperlen werden mit gebogenem Silber- oder Messingdraht zu einer Kette zusammengefügt.

Viereckige Perlen können zu einem Armband verarbeitet werden. Man zieht eine Gummischnur durch die Perlen und verknotet sie.

Aus marmoriertem Teig können diese Anhänger hergestellt werden. Dazu wird der bearbeitete Teig dünn ausgerollt und ausgestochen.

Je nach Größe der Salzteigperlen kann man auch zwei Löcher in die Perlen stechen. Bei der Fertigstellung zieht man dann zwei parallel verlaufende Gummischnüre durch.

Für diese Blumenbroschen stellt man kleine Bilderrahmen her und klebt gepreßte Blümchen darauf. Die Farbe des Rahmens wird mit den Blüten abgestimmt.

Freudige Ereignisse

SONJA
17-9-1980
2740 g
47 cm

Ein Klapperstorchbild mit persönlichen Daten ist ein besonders schönes Geschenk. Die Daten wurden auf Folie geschrieben.

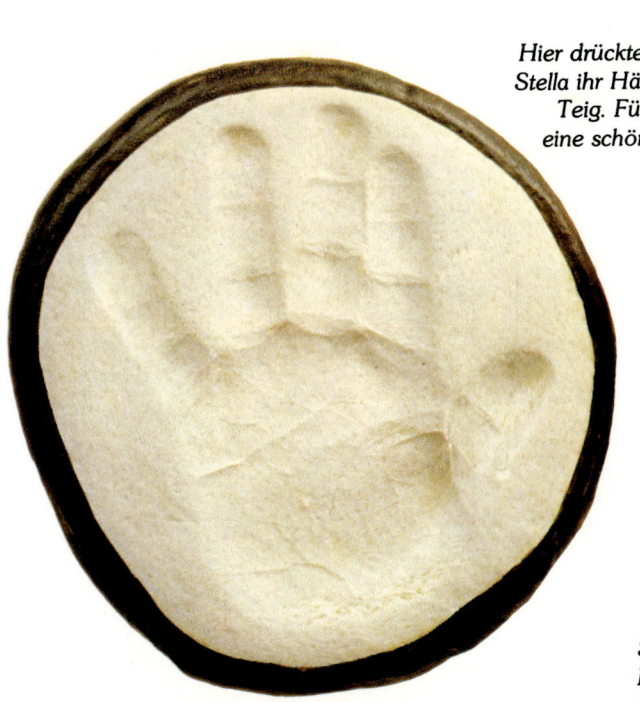

Zur Erinnerung an das große Ereignis kann man den Paten solch ein Bildchen schenken. Die Decke wird durch eingedrückte Spitze strukturiert.

Hier drückte die einjährige Stella ihr Händchen in den Teig. Für später ist das eine schöne Erinnerung.

Susi schaut mit ihrem Baby-Püppchen ganz versonnen in die Gegend. Sie fühlt sich in ihrer Mutterrolle recht wohl.

Österlicher Festtagsschmuck

Das Osternest wird aus einer Teigkugel gestaltet, in die man ein Ei hineindrückt. – Günstig ist es, wenn man ein Gips- oder Plastikei verwendet. Das Gras wird aus Teigstückchen aufgesetzt.

Auch Gießformen, die in Bastelgeschäften erhältlich sind, können für Salzteig verwendet werden. – Besonders für kleine Anhänger sind diese Formen geeignet.

»Bugs Bunny« lädt zum Frühstück ein. – Der Hase wird auf ein Stützhütchen aufgebaut und in mehreren Arbeitsgängen gestaltet. Der Eierbecher wird erst geformt und getrocknet, bevor die Arme und Beine um ihn herum modelliert werden.

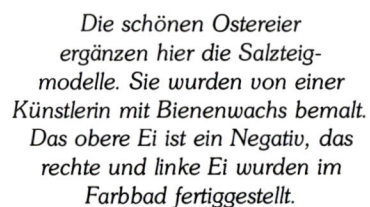

Die schönen Ostereier ergänzen hier die Salzteigmodelle. Sie wurden von einer Künstlerin mit Bienenwachs bemalt. Das obere Ei ist ein Negativ, das rechte und linke Ei wurden im Farbbad fertiggestellt.

Diese kleinen Marienkäfer kann man auch als Anstecknadeln verwenden, wenn man nach dem Lackieren eine Anstecknadel aus dem Bastelgeschäft auf der Rückseite aufklebt.

Der besondere Schmuck an diesem Hahn ist sein Getreideschwanz. Er kann beim Modellieren mit eingearbeitet werden.

127

Der Weihnachtsmann kommt

Für Christbaumanhänger, Kerzenständer, Medaillons, auf denen Engelchen oder ein Nikolaus befestigt werden, kann man zum Modellieren und Ausstechen viele Hilfsmittel aus der Küche verwenden. Kleine Förmchen, die man auch für das Backen benutzt, können für die Bastelarbeiten eingesetzt werden. Mit einem Schaschlikspieß oder einem Marzipankneifer kann man schöne Muster herstellen.

Weihnachtliche Modelle bekommen einen festlichen Glanz, wenn man die Ränder mit Gold- oder Silberbronze bemalt.

Der sitzende Engel auf der Wolke wird in mehreren Arbeitsgängen gestaltet. Zuerst formt man die Wolke und setzt die Beine des Engels darauf. Wenn dieser Grundaufbau getrocknet ist, wird in die Höhe gearbeitet. Auf ein Stützhütchen werden Körper und Kopf aufgesetzt und fertigmodelliert.

128

Einen Strohstern kann man mit ganz kleinen Strohblümchen und einem Salzteigstern verzieren.

Durch »Glimmer« wirkt dieser ausgestochene Tannenbaum besonders schön. – Glimmer erhält man speziell in der Faschingszeit schon mit flüssigem Kleber vermischt.

Mit einem Sack voll Spielsachen kommt dieser Nikolaus ins Haus. Da wird sich kein Kind vor Angst verstecken. Vielleicht bastelt man mit Kindern zusammen diesen großen Nikolaus. Besonders das Modellieren der Spielsachen wird den Kindern Freude bereiten.

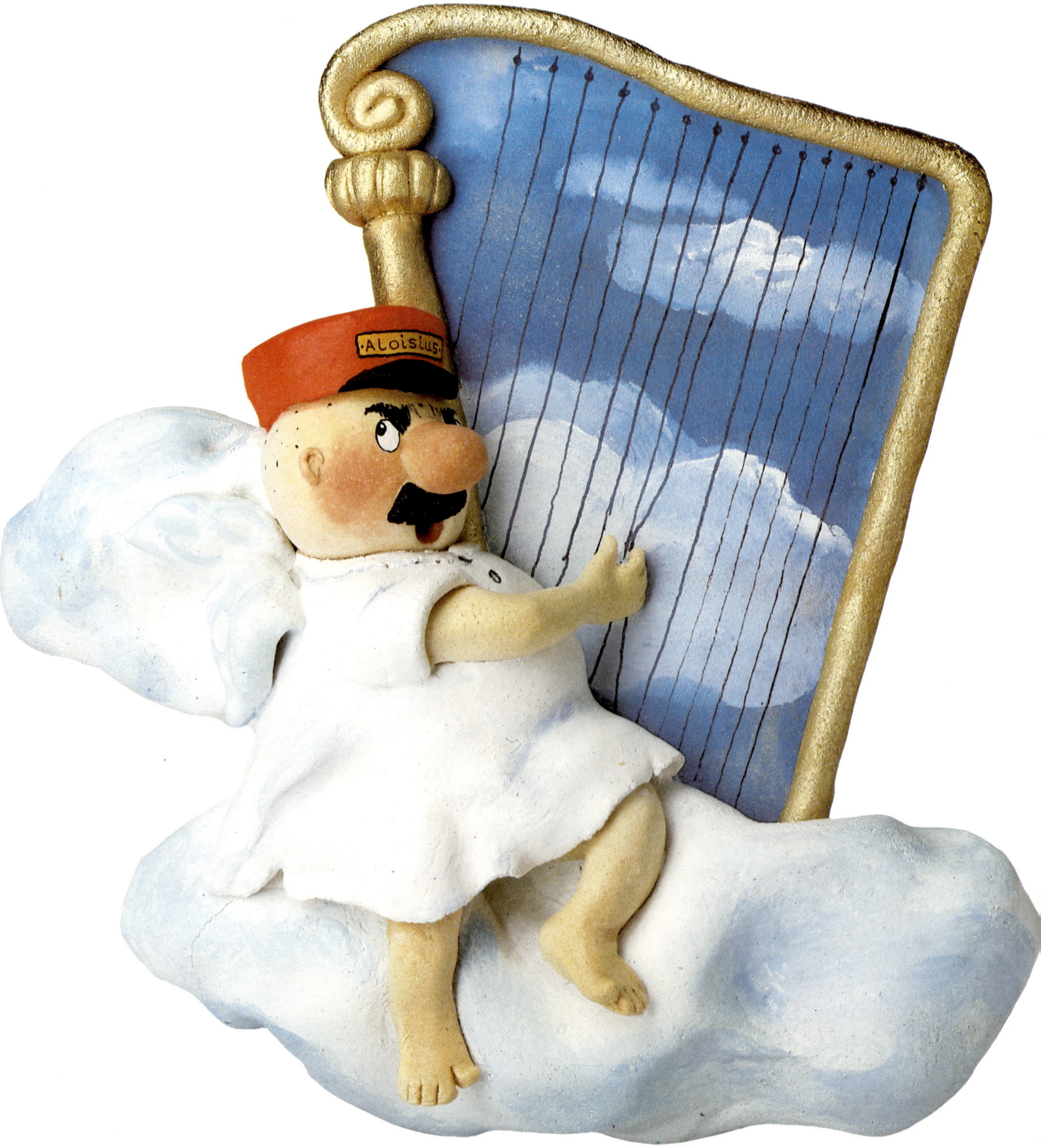
·Aloisius·

Kreatives Gestalten mit Salzteig

Berufe

Leuchtturmwärter

Größe 30 x 35 cm
Zubehör Bindfaden in verschiedenen Stärken, kunststoffbeschichteter Draht (Geländer), Sand, Muscheln, Trockenpflanzen

Weil der Leuchtturm eine wesentlich längere Backzeit als der Wärter benötigt, wird er mehrere Stunden bei niedriger Temperatur im Ofen vorgetrocknet. Der feine Seesand wird auf den noch feuchten letzten Lackanstrich gestreut, das übrige Zubehör klebt man am Schluß an.

Seemannschor

Größe 32 x 30 cm
Zubehör Seidenband, Akkordeon
(aus zwei Holzleisten und einem Ausschnitt
eines Aluminiumabzugsschlauches),
Papier, Moos

Die singenden Matrosen werden nacheinander
geformt. Für die Stabilität ist darauf zu achten,
daß eine durchgehende Verbindung zwischen den
Figuren besteht.

Metzger

Größe 29 x 31 cm
Zubehör Holzplatten, durchsichtiger Plastikdeckel, selbstgefertigtes Fleischermesser, Papierspitzendeckchen, Pergamentpapier, Rundhölzchen, Bindfäden

Der Thekenaufbau wird bis auf das Plastikteil in den Teig eingearbeitet und mitgebacken. Fleisch und Würste backt man gesondert, malt sie mit sehr wäßriger Seidenmalfarbe an und lackiert sie vor dem Ankleben gründlich.

Brotbäcker

Größe 30 x 32 cm
Zubehör Holzleiste und -platte, Rundholzstäbchen, Bambuskörbchen

Die Ofenwand kann man mit der Kante einer starken Wellpappe strukturieren. Die Körbe werden mitgebakken, die hölzerne Ofenklappe wird angeklebt.

135

Es klappert die Mühle…

Größe 43 x 25 cm
Zubehör Holzplatte (Dach), Holzleisten, Äste, Bindfaden, Strohhalme, Trockenpflanzen

Vorab fertigt man die hölzerne Wasserrinne und das vordere Mühlrad an, wobei in die Innenseite Mulden für die Holzleisten eingedrückt werden. Diese klebt man später dort an. Durch eingedrückte Korken entsteht das Bachbett, das fließende Wasser läßt sich mit tropfendem Kleber aus der Klebepistole sehr natürlich darstellen. Es wird zum Schluß mit Wasserfarbe angemalt.

136

Küchenherd

Größe 20 x 21 cm
Zubehör Holzplatte, Draht
(Griffe, Ofenrohr),
Stoff, Kachelaufkleber,
Zubehör für
Puppenküchen

Pfannkuchenbäcker

Größe 27 x 30 cm
Zubehör Pfanne, Stoff, Moos

Nach dem Bemalen und Lackieren bekommt der Koch seine Pfanne mit dem vorgebackenen und hineingeklebten Pfannkuchen, der seine appetitliche Bräune durch wäßrige Seidenmalfarbe erhält.

„Frische Brötchen!"

Größe 27 x 20 cm
Zubehör kleines Fahrrad,
Trockenpflanzen

Für das Trocknen des Sockels mit dem Fahrrad und dem aufmodellierten Jungen ist nur ein Backvorgang nötig. Für Brot und Brötchen nimmt man festeren Teig.

Koch mit Tafel

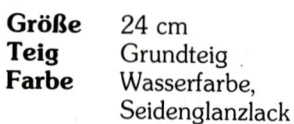

Größe 24 cm
Teig Grundteig
Farbe Wasserfarbe, Seidenglanzlack
Zubehör Rundhölzchen, Pappe

Koch mit Terrine

Größe 15 cm
Teig Grundteig
Farbe Acryl-Farbe, Klarlack, glänzend

Bäcker und Koch mit Gans

Größe 22 x 24 cm
Teig Grundteig
Farbe Plaka, Klarlack
Zubehör Schaschlikspieß, Pappe (für Brotschieber)

139

Dachdecker

Größe 30 x 30 cm
Zubehör Leisten, Rundstäbe und Platte aus Holz, Kette, Wolle (Haare)

Die Ziegel werden in einem eigenen Arbeitsgang mit Hilfe eines Rundstabes geformt und getrocknet. Ihre Farbe erhalten sie durch roten und schwarzen Sprühlack. Sparren und Lattung werden mit Holzleim fertig verklebt, bevor der Dachdecker aufgesetzt wird. Der Abstand der Latten muß zur Ziegelgröße passen.

Schuster, bleib bei deinem Leisten

Größe 28 x 30 cm
Zubehör Holzplatte, Holzleisten, Lederreste, Ledersohle, Stoff, Körbchen

Nur ein Backvorgang ist nötig für die Salzteigformen sowie Holzfensterrahmen, Tisch und Hocker. Das halbierte Körbchen, Leder und Stoff dagegen müssen angeklebt werden.

141

Wollgeschäft

Größe 30 x 25 cm
Zubehör Holzleisten, Holzplatten, verschiedene Körbchen, mehrere Wollsorten (Pullover, Knäuel), Papier (Preisschildchen), Strauß in einer Vase, Puppenhaar

Die etwas aufwendige Konstruktion des Wollregals wird zunächst in den Teig gedrückt, jedoch nicht mitgebacken, um eventuelle Spannungen zu vermeiden. Sie wird später mit Holzleim angeklebt. Die Körbchen können mitgebacken werden. Für das Regal sollte man sehr dünne Wolle zu Knäueln wickeln und mit der Klebepistole ankleben. Für den Pullover der Verkäuferin reicht es, aus dünner Wolle nur das Vorderteil zu stricken und anzukleben.

Hutgeschäft

Größe 23 x 33 cm
Zubehör Holzleisten, Holzplatte, Minihütchen, Zierspiegel, Puppenhaar, Pelz, Bänder, Borten, Tüll, Federn, Seidenblumen

Die Holzteile können mitgebacken werden, die Kundin sowie die verschiedenen Salzteighüte sollen vor dem Anbringen dagegen vorgetrocknet sein. Das Ausdekorieren der Hüte geschieht mit Federn, Borten, Blüten, Bändern…
Das hölzerne Schild wird der Salzteigform angepaßt. Vor dem Beschriften sollte man es klar lackieren, damit die Buchstaben nicht auseinanderfließen. Es wird zum Schluß angeklebt.

Marktfrau

Größe 22 x 22 cm
Teig Grundteig
Farbe Plaka, Klarlack
Zubehör Packpapier für Tüten, Körbchen, Sperrholzplatte, Pattex

Tinas Puppenlädchen

Größe 28 x 19 cm
Teig Kachelteig für Schaufenster, Grundteig für Puppen
Farbe Plaka, Klarlack
Zubehör Trockenblumen, Pattex, Sperrholzplatte als Rückwand

BESONDERHEIT: Die Puppen im Fenster werden gleichzeitig mit dem Fenster modelliert und gebacken.
Die größere Puppe im Vordergrund arbeitet man extra und klebt sie nach dem Backen an den Rahmen.

Man muß das Eisen schmieden, solange es heiß ist

Größe 30 x 27 cm
Zubehör Holzleisten und -stäbe, Holzplatte (Rauchabzug und Esse), abknickbarer Strohhalm (Luftzufuhr)

Amboß und Werkzeuge kann man vorbacken oder aus Holz herstellen. Die Rückwand des Schmiedeherdes wird in den Teig eingedrückt und mitgebacken, die Vorderseite nach dem Backvorgang dem Sockel angepaßt. Mit einem Hauch schwarzer Sprühfarbe deutet man den Rauch an. (Umgebung abdecken!)

Wo gehobelt wird, da fallen Späne

Größe 30 x 27 cm
Zubehör Holzleisten, Schaschlikspieß (Bleistift), Haushaltssägeblatt und Silberdraht (Zimmermannssäge), Hobelspäne

Die hölzerne Tischplatte wird in den Teig mit eingearbeitet, ebenso das zu hobelnde Brett, das mit Teig hinterlegt ist. Die Tischbeine kann man mitbacken oder später ankleben, der Hobel wird vorgetrocknet. Holzleim sorgt dafür, daß der Bleistift und die Späne an der richtigen Stelle sitzen.

Fotograf

Größe 29 x 32 cm
Zubehör Ast (Baumstamm), Strohhut, Seidenblumen, Puppenhaar, Besatzborte, Rundstäbe (Stativ), schwarzer Stoff, Trockenpflanzen

Bevor man mit diesem Motiv beginnt, muß die Kamera in einem gesonderten Arbeitsgang hergestellt und vorgebakken werden. Der Fotograf wird in passender Körperhaltung geformt; er steht in Verbindung mit dem Baumstamm, um diesem mehr Halt zu geben.

Schwebende Kätzchen

Der Schirm erhält seine Form durch ein Holzschälchen, in das der Teig gedrückt wird. Der Schirm muß in dem Schälchen trocknen und vorher rechtzeitig halbiert werden.

Wasser marsch!

Größe 28 x 30 cm
Zubehör Trockenpflanzen

Trillerpfeife und Hydrant werden vorgebacken und an entsprechender Stelle mit eingearbeitet. Die Figuren sollen zur besseren Stabilität miteinander in Verbindung stehen.

149

Die Töpferin

Größe 42 x 38 cm
Teig Grundteig mit Metylan Tapetenkleister für Töpferin, Kachelteig für Tonwaren
Farbe Plaka, Wasserfarbe, Seidenglanzlack
Zubehör Trockenblumen, 2 Rundhölzer, Holzbrettchen mit Stoff bezogen für Markise, Zwirn, Körbchen, Pattex, Brettchen für Tisch, Rahmen, massive Rückwand

BESONDERHEIT: Vor dem Trocknen des Teiges wird die Tischplatte in den Körper der Töpferin gedrückt und bekommt dadurch einen besseren Halt. Einen besonderen Effekt erhält das Kaffeeservice, wenn man helle Farbe durch ein Sieb auf das dunkel bemalte Geschirr spritzt.

150

151

Auf dem Lande

Hühnerfrau

Größe 30 x 25 cm
Zubehör Körbchen, Stoff, Spitze, Puppenhaar, Hühner aus Federn, Vogelfutter, Trockenpflanzen

Das Körbchen der Bäuerin wird gleich mitgebacken, das Vogelfutter darin später mit Holzleim festgeklebt. Schürze und Kopftuch bringt man vor dem Ankleben mit wenigen Nadelstichen in die passende Form.

Stolzer Hahn

Größe 32 x 31 cm
Zubehör Glastierauge, Vogelfutter, Sonnenblumenkerne

Aus einer 4–5 cm dicken Teigplatte werden die langen Federn des Hahnes ausgeschnitten und über den Körper gelegt (anfeuchten!). Die Schwanzfedern sollten nicht einzeln wegstehen, sondern der besseren Haltbarkeit wegen eine Verbindung mit den übrigen eingehen. Die Brustfedern entstehen durch schräge Einschnitte mit der Schere.
Seine Farbigkeit erhält der Hahn durch Sprühfarbe, zusätzlich wird der Teig vorher eingefärbt. Mit Pinsel und wenig weißer Farbe wird noch Glanz auf das Gefieder gebracht.

Beim Melken

Größe 30 x 29 cm
Zubehör Holzleisten, kleiner Eimer, Messingglocke, Tauben aus Federn, Puppenhaar, Stoff, Trockenpflanzen

Die offenstehende Stalltür wird vorgebacken und an entsprechender Stelle in den Teig gedrückt. Den Bauernhof trocknet man danach im Ofen vor, bis die Oberfläche eine gewisse Festigkeit hat. Erst dann lassen sich Kuh und Bäuerin gut anmodellieren.

153

Bauer mit seiner Familie

Größe   10–23 cm
Teig   Grundteig
Farbe   Dispersionsfarbe
Zubehör Pattex, Blumensträußchen, Streichhölzer

BESONDERHEIT: Kopf und Beine werden mit Stücken eines eingeweichten Steichholzes am Körper befestigt. Die Tabakspfeife des Mannes wird separat hergestellt und erst nach dem Backen und Bemalen angeklebt.

155

Der Schäfer...

Größe 29 x 24 cm
Zubehör Ast (Sitz für Schäfer), Filz, Bindfaden, Fell (Umhang), Wollplüsch (Schafe), Holzstab, Trockenpflanzen

Eine natürliche Handhaltung erhält man durch das Mitbacken des Hirtenstabes. Die Schafe werden erst nach gründlichem Lackieren mit Wollplüsch beklebt. Aus Filz besteht der mit einem Faden in Form gebrachte Hut des Schäfers.

...und sein Hirtenjunge

Größe 24 x 20 cm
Zubehör Wollplüsch, Trockenpflanzen

Die Schnitteile der Jacke schneidet man aus eingefärbtem Teig in Seitenansicht aus. Das Schaf auf den Armen des Jungen wird mitgebacken und erhält seinen Wollpelz nach dem Lackieren von Figur und Schaf. Mütze und Schal sollte man passend zueinander mit dem gleichen Muster bemalen.

Glucke

Größe 32 x 17 cm
Zubehör Eierschalen, Federn, Dschungelgras

Die Federn der Henne werden mit der Schere in den Teig geschnitten, die größeren Federn werden aufgesetzt. Um die Struktur des Gefieders hervorzuheben, streicht man einen trockenen Pinsel mit sehr wenig Farbe in Federrichtung darüber.

Mit Rechen…

Größe 22 x 26 cm
Zubehör kleiner Holzrechen, Puppenhaar, Stoff, Borte, Dschungelgras, Trockenpflanzen

…und Mistgabel

Größe 21 x 26 cm
Zubehör Mistgabel, Fell (Haare und Schnurrbart), Moos, Stroh

Die stumpfen Farben der Kleidung erreicht man durch eingefärbten und marmorierten Teig.

Omas Kramladen

Größe 27 x 20 cm
Teig Grundteig mit Metylan Tapetenkleister
Farbe Plaka, Klarlack
Zubehör Kleinigkeiten aus Kinder-Kaufladen, Klebstoff, mit Tapete überzogene Sperrholzplatte

BESONDERHEIT: Die Theke besteht aus drei Teilen, die nach dem Backen zusammengeklebt werden.

Sonntagnachmittag daheim

Größe 34 x 29 cm
Teig Grundteig
Farbe Plaka, Klarlack
Zubehör Bilderrahmen, mit Tapete bezogene Sperrholzplatte, kleine Wandbilder, Spitze für Bücherbord, Trockenblumen

Die vier Jahreszeiten

(Angaben gelten für alle 4 Objekte)
Größe 33 x 43 cm
Teig Grundteig
Farbe Wasserfarbe, Klarlack
Zubehör Rahmen, Sperrholzplatte mit Stoff bezogen, Pattex

Frühling

BESONDERHEIT: Die Blütenblätter werden mit einem Trinkhalm ausgestochen, plattgedrückt und zu Blüten zusammengesetzt.

Sommer

160

Herbst

Winter

Die vier Jahreszeiten als Kacheln

(Angaben gelten für alle 4 Objekte)
Größe 20 x 20 cm
Teig Kachelteig für Kachel, Grundteig für Motiv
Farbe Wasserfarben, Sprühlack, matt

Frühling

BESONDERHEIT: Bei der Bank werden Sitzteil und Füße nach dem Modellieren erst getrocknet und dann auf die entsprechende Stelle geschlickert.

HINWEIS: Hier wird die Kachel durch Backen gebräunt.

Sommer

BESONDERHEIT: Die untere Zaunhälfte wird auf der Kachel angebracht, während die »Zaunlättchen« erst an der Luft trocknen müssen, bevor sie vorsichtig aufgesetzt werden. (Durch einen Pinselstrich Wasser haften sie auf dem unteren Teil.)

Herbst

BESONDERHEIT: Hier wird die Kachel durch Backen gebräunt.

Winter

BESONDERHEIT: Auf Perspektive achten. Der Baum im Vordergrund ist am größten, die folgenden Bäume werden immer kleiner.

Zu Hause und unterwegs

Spielzeugregal

Größe 16 x 23 cm
Zubehör Holzleisten, Silberdraht (Vorhangaufhängung), Rundstab, Stoff, Spitze, Setzkastenzubehör aus Holz

Die kleinen Püppchen und die Kinderbücher bestehen aus Salzteig, die übrigen Spielsachen klebt man zum Schluß an. Als Vorhang eignet sich ein kleingemusterter Stoff.

Wäscheschrank

Größe 21 x 29 cm
Zubehör Holzplatte und -leisten, schmale Wäschespitze, mehrere kleingemusterte Stoffstücke

Boden und Seitenteile der offenstehenden Schublade können aus vorgebackenem Salzteig oder aus zurechtgesägten Holzteilen bestehen. Die einzelnen Leisten für die Regale werden in den Teig etwas eingedrückt, wieder entfernt und nach dem Backvorgang an diese Stellen geklebt. Schublade und Tür trocknet man vor und backt sie dann an den Schrank mit an.

Am Kachelofen

Größe 27 x 30 cm
Zubehör Holzplatte (Bank, Fußboden), dünne Zweigstücke, Körbchen, Wolle, Schaschlikspieße (Stricknadeln), Besatzborte, Hanf (Frisur), Goldperlen (Ohrringe), karierter Stoff, Schleifchen, kleine Keramikgefäße

Zum Gestalten der Kacheln eignen sich viele Gegenstände, die immer im Haushalt vorrätig sind. Am besten stempelt man vorher Versuchsmuster in eine Teigplatte. Figur und Katze werden erst dann aufgesetzt, wenn der Kachelofen durch Vorbacken eine gewisse Festigkeit erreicht hat. Sitzbank, Fußboden und Holzscheite werden in den Teig eingedrückt und mitgebacken, das übrige Zubehör wie Körbchen, Wolle und Haare klebt man später an.

Bauernschrank

Größe 19 x 24 cm
Zubehör Holzleisten, schmale Wäschespitze, kleingemusterter Stoff

Die Bemalung der Schränke erfolgte nach alten Originalmotiven mit Bauernmalfarbe. Um dem Schrank ein antikes Aussehen zu verleihen, wurde er vor dem Lackieren patiniert.

Diese Hitze!

Größe 15 x 12 cm
Zubehör Trockenpflanzen

Der Zuber wird über Korken vorgeformt und getrocknet, erst dann modelliert man Krokodil und Sockelplatte an.

Wasserscheu?

Größe 15 x 15 cm
Zubehör Glastierauge, Trockenpflanzen

Wegen der Wölbung wird die Wanne über Korken vorgetrocknet und dann mit Figur und Sockel zusammengefügt. Für das Glasauge muß man rechtzeitig eine Vertiefung in den frischen Teig drücken, in die man es später einklebt.

Klein, aber fein!

Größe 18 x 24 cm
Zubehör Trockenpflanzen

Einschnitte mit dem Messer sorgen dafür, daß der Eindruck von zusammengefügten Hölzern entsteht. Die aufgelegten Teigstreifen werden durch die Bemalung zu Metallbändern, die den Zuber zusammenhalten. Nilpferde und Sockel werden nach dem Trocknen des Zubers angefügt.

Badespaß im Grünen

Größe 31 x 32 cm
Zubehör Ast (Baumstamm), Vogel aus Federn im Nest, Gießkanne, Kunststoffschiffchen, Frotteestoff, Schleifenband, Zeitungspapier (Schiffchen), Islandmoos, Trockenpflanzen

Beim Lackieren der Badewannen ist darauf zu achten, daß auch die Innenseite sorgfältig mit Lack überzogen wird. Hierfür eignet sich am besten ein dünner Pinsel, der leicht in jeden Winkel gelangen kann. Möchte man Wasser andeuten, kann das nach dem Trocknen mit flüssigem Kleber aus der Klebepistole geschehen: auch dadurch kann der Teig vor Feuchtigkeit geschützt werden.

Vergnügtes Nilpferd

Größe 15 x 17 cm
Zubehör Trockenpflanzen, Federschmetterling

Der Aufbau des Bildes erfolgt in der gleichen Reihenfolge, die auf der gegenüberliegenden Seite bereits erklärt wurde. Der zarte Schmetterling und die Trockenpflanzen werden zum Schluß angeklebt.

Müder Jäger

Größe 31 x 30 cm
Zubehör Holzleiste und Draht (Gewehr), Ast, Eule und Fasan aus Federn, Filz, Pilze, Trockenpflanzen

Beim Modellieren des schlafenden Jägers ist darauf zu achten, daß dieser nicht nur mit dem Baumstamm, sondern auch mit der Krone in Verbindung steht, weil die Aufhängeösen dort angebracht sind. Bis auf den Ast werden alle Zubehörteile mit Holzleim und Klebepistole angebracht.

Unschlüssiger Wetterfrosch

Größe 13 x 12 cm
Zubehör Draht, Seidenblume, Trockenpflanzen

Der Frosch hält einen Schirm in der Hand, den man vorab herstellen muß. Praktisch ist ein Holzschälchen in entsprechender Form: der Teig für die Schirmhälfte wird hineingedrückt und im Schälchen getrocknet. Für eine gute Stabilität des Modells sollen Schirm und Boden miteinander in Verbindung stehen.

Beißen sie gut?

Größe 32 x 21 cm
Zubehör Holzplatte, -rundstäbchen, Ente aus Federn, Garn, Netz, Silberdraht, Äste, Trockenpflanzen

Die Äste des Steges und die Holzplatte werden gut angefeuchtet, leicht in den Teig gedrückt und mitgebacken. Die Konstruktion des Steges ist so zu wählen, daß man zum Lackieren mühelos noch jeden Winkel erreichen kann.

Gemütliches Picknick

Größe 29 x 26 cm
Zubehör Ast (Baumstamm), Trachtenhut, Satinband, Schlingenbesatz, Teile aus der Puppenküche, Samtblüten, Trockenpflanzen

Weil hier keine der Figuren in Verbindung mit dem Baum steht, ist es ratsam, an diesem auch keine Aufhängeösen anzubringen. Kleid und Schürze werden schwungvoll in Falten gelegt, die Farben aufeinander abgestimmt.

Nach der Ernte

Größe   30 x 30 cm
Zubehör Ast (Baumstamm), Holzleisten, Körbchen, Silberdraht (Brille), Trockenpflanzen

Die gut angefeuchteten Holzleisten für die Bank drückt man in die hochgezogene Sockelplatte und in die Teigunterfütterung des Baumstammes. Das Ehepaar wird aufgesetzt und alles zusammen gebacken. Das Laub ist in Glycerin getrocknet. Die Äpfel wirken durch die mehrfarbige Bemalung sehr natürlich.

171

Liedertafel

Größe 30 x 35 cm
Zubehör Silberdraht, Filzhut, Papier, Pelz, Schaschlikspieß, Trockenpflanzen, zwei circa 15 cm lange Gewindestäbe, zwei Muttern

Bei diesem Modell muß der Dirigent separat gebacken werden. Da er völlig frei steht, müssen die Gewindestäbe vor dem Backen in seine Beine gearbeitet werden. Zum Verschrauben stehen sie etwa 1 cm heraus. Der Boden erhält an entsprechender Stelle zwei Löcher, bevor er vorgebacken wird. Erst nachdem die fünf Sänger angebracht und bemalt sind, schraubt man den Dirigenten mit zwei Muttern an.

Volkstanz

Größe 22 x 23 cm
Zubehör Holzschuhe, Puppenhaar, kleine Windmühle, gestreifter Stoff, Spitze, Filz, Satinband, Trockenpflanzen

Damit die stehenden Figuren genügend Stabilität haben, muß die Sockelplatte hoch genug sein. Die Farben des eingefärbten und bemalten Teiges sollten mit den echten Textilien harmonieren.

Geigenvirtuose

Größe 20 x 30 cm
Zubehör Holzstückchen (Steg der Geige), Rundhölzchen (Wirbel und Geigenbogen), dünner Silberdraht (Saiten), Fell (Schnurrbart), Moos

Die Geige wird in mühevoller Kleinarbeit vorher modelliert. Beim Vorbacken ist darauf zu achten, daß das endgültige Härtestadium noch nicht erreicht ist, da die Geige sonst beim Weiterbacken zu spröde würde.

Mexikanische Landschaften

(Angaben gelten für beide Objekte)
Größe   34 x 28 cm
Teig   Feiner Salzteig
Farbe   Aquarellfarbe, Sprühlack, matt
Zubehör Draht, Aquarellpapier

Zuerst werden die Berge und Felsen für den Hintergrund geformt.
Für die Umrandung bricht man blockförmige Teigstücke, die mit Draht verbunden (verstärkt) werden. Die so gefertigte Umrahmung und der »Hintergrund« werden zusammengesetzt.
Dann modelliert man aus eingeschnittenen Teigsträngen Kakteen, die man zwischen den Steinen, die aus zerbröckeltem Teig bestehen, anbringt.

Zum Schluß wird die bereits geformte Figur des Mexikaners plaziert.
Die Rückwand des fertigen Modells wird mit Papier verstärkt, auf die bemaltes Aquarellpapier (Himmel) geklebt ist.
Beide Landschaften werden gearbeitet wie beschrieben. Statt der »Felsblöcke« verwendet man als Umrandung bei dem unteren Modell Teigstränge.

175

Kinderszenen

Neugierige Buben

Größe 30 x 25 cm
Zubehör Holzleisten, Trockenpflanzen

Personen müssen nicht immer von vorne oder von der Seite dargestellt werden. Wie diese drei Lausbuben zeigen, können Figuren, die man nur von hinten sieht, auch sehr reizvoll sein.
Die Holzleisten für den Zaun werden gut angefeuchtet in den eingefärbten Teig der Hintergrundplatte gedrückt. Auch die Figuren müssen mit dem Zaun verbunden sein. Die kleinen Leisten für die notdürftige Reparatur des Loches werden später angeklebt.

Verspieltes Nilpferd

Größe 31 x 32 cm
Zubehör Schleifchen, Tüll, Trockenpflanzen

Hoch hinaus!

Größe 31 x 32 cm
Zubehör Ast (Baumstamm), Holzleiste, Minibirnen, Bindfaden, Satinbändchen, Besatzborte, Stickereispitze (Schürze), Trockenpflanzen

Das schaukelnde Mädchen wird in einem getrennten Arbeitsgang modelliert, bemalt und lakkiert. Die Schaukel wird später mit dem Bindfaden so an dem Baum befestigt, daß das Mädchen frei beweglich ist. Die kleinen Schleifchen werden nicht gebunden, sondern mit feinem Draht in Form gebracht.

Schneckenpost

Größe 30 x 22 cm
Zubehör Schneckenhäuser, Zweig, Holzrädchen, Lurexband, Silberdraht, Strohhütchen, Seidenblumen, Stoff, Besatzborte, Trockenpflanzen

Für die Schnecken formt man zuerst die Körper. In die Mitte gibt man etwas mehr Teig, so daß er sich in die Gehäuse drücken kann, wenn sie aufgesetzt werden. Durch das Mitbacken wird ihnen mehr Halt gegeben. Die Fühler bestehen aus in den Teig gesteckten und angemalten Drahtstückchen.

Volltreffer

Größe 31 x 25 cm
Zubehör Holzleisten, Glas, Silberdraht, Stoff, Tüllspitze, Satinband, Federn, Trockenpflanzen

Die Scheibe wird größer als die Fensteröffnung zugeschnitten, damit das Ankleben später keine Schwierigkeiten bereitet. Vor dem Anbringen sichert man die Kanten rundherum mit Heißkleber oder Klebestreifen, danach ritzt man mit dem Glasschneider ein kleines Loch in der Mitte an. Auf einer harten Unterlage wird nun die Scheibe eingeschlagen und hinter die Fensteröffnung geklebt. Die herausspringenden Splitter befestigt man an Rahmen und Mauer. Die flüchtenden Tiere wirken lebendig durch ihre Körperhaltung: man stellt sie separat her und klebt sie zum Schluß an.

Kirschen in Nachbars Garten

Größe 30 x 32 cm
Zubehör Ast (Baumstamm), Silberdraht, Gummiband, Zweiggabelung, Trockenpflanzen

Um dem am Boden stehenden Jungen Halt zu geben, wird der Sockel etwas höher ausgerollt. Der Mützenzipfel besteht aus angemaltem Silberdraht. Der kletternde Lausbub muß mitgebacken werden. Beim Formen der Kirschen ist auf das richtige Größenverhältnis zwischen Kindern und Früchten zu achten.

Klassenzimmer

Größe 40 x 33 cm
Teig Grundteig
Farbe Plaka, Wasserfarbe, Seidenglanzlack
Zubehör Zahnstocher, Bilderrahmen, massive Rückwand, Pattex

Die Gruppe der Kinder und der Lehrer (mit dem Zahnstocher als Zeigestock) werden auf einen langen Teigstrang aufgesetzt und zusammen mit der Bildleiste gebacken.
Die fertige Gruppe wird mit Pattex auf der Rückwand befestigt.

Schulkinder

(Angaben gelten für beide Figuren)
Größe 12 cm
Teig Grundteig
Farbe Wasserfarbe, Klarlack
Zubehör Silberdraht (für Brille des Jungen)

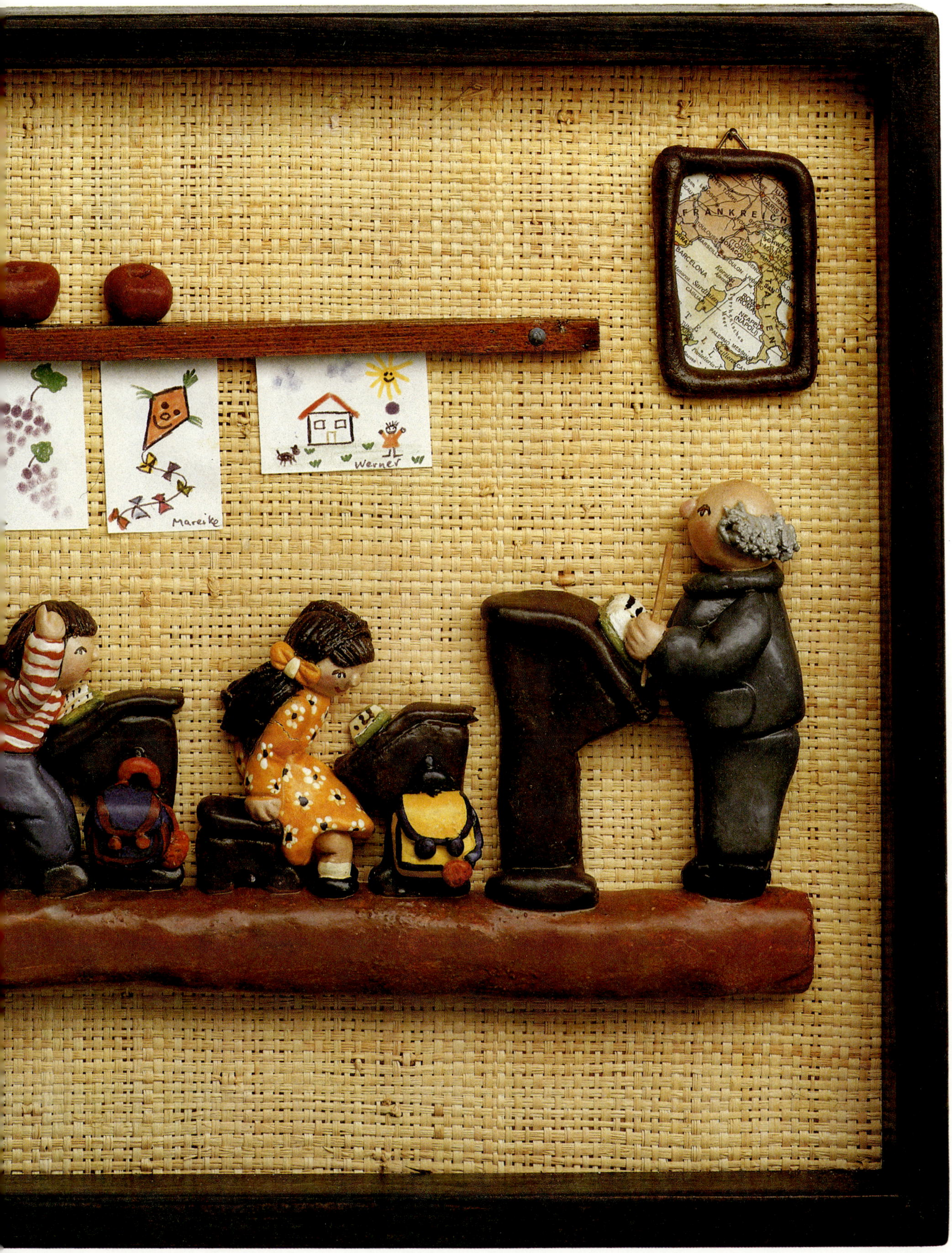
FRANKREICH
BARCELONA
Mareike
Werner

Lieder, Reime und Gedichte

Die Mühle, die braucht Wind…

Größe 37 x 46 cm
Zubehör verschiedene Holzleisten, Holzscheiben, -platte, Äste, Bindfaden, Getreide, Trockenpflanzen, lange Schraube und Mutter

Mühlengebäude und Bäume werden zunächst angetrocknet, bevor der Rest aufmodelliert wird. Für das spätere Anschrauben der Flügel darf man nicht vergessen, bereits eine passende Mutter in den Teig einzubacken. Nach dem Bemalen und Ausdekorieren beginnt man mit den Flügeln. Damit sie nicht abbrechen, werden sie aus Holz angefertigt und nicht starr, sondern beweglich eingebaut. Die einzelnen Flügel verschraubt man am besten zwischen zwei Holzscheiben. Mit der gleichen Schraube wird die gesamte Konstruktion in die eingebackene Mutter gedreht. Die schützende Lackschicht nicht vergessen!

...der muß haben sieben Sachen...

Größe 42 x 30 cm
Zubehör Kuchenförmchen, Körbchen, Schmalztöpfchen, Milchkännchen, kleine Teller, Schleifenband, Satinband, verschiedene Borten, Tüllspitze, Wäschespitze, Stoff, Bindfaden

Die kleinen Kuchenbäcker werden nacheinander von links nach rechts geformt. Um ihnen mehr Stabilität zu verleihen, wird die Gruppe auf eine circa 6 mm dicke Teigplatte aufmodelliert. Bei Figurengruppen mit einer größeren Personenzahl auf einer Teigplatte ist es ratsam, sich vorher eine Skizze anzufertigen, um die richtige Platzverteilung abzuschätzen. Sind die Figuren erst einmal auf den Hintergrund gelegt (nach Anfeuchten!), läßt sich bei Platzmangel oder ungünstiger Anordnung so schnell nichts mehr verschieben.

Das ist der Daumen…

Größe 30 x 39 cm
Zubehör Ast (Baumstamm), Körbchen, Beeren eines Zierstrauches, Trockenpflanzen

Dieses Motiv wird schrittweise aufgebaut und zwischendurch angetrocknet. Der Baum soll ausladend sein (er wird angetrocknet) und mit den drei stehenden Kindern verbunden werden. Erst wenn diese angebacken sind, werden die kleineren Kinder angeformt. Als letztes setzt man die Schriftrolle an. Wer die kleinen Pflaumen nicht aus Teig formen möchte, kann auch mit Glycerin getrocknete Beeren ankleben.

Ich und du…

Größe 32 x 20 cm
Zubehör Holzleisten, Fell, Dschungelgras, mit Glycerin getrocknete Blätter, Trockenpflanzen

Zuerst werden beide Tiere auf die Sockelplatte gesetzt, darüber legt man den Zaun und modelliert anschließend die Jungen an. Weil man das Holz mitbacken kann, ist es leichter, den sitzenden Jungen in richtiger Haltung zu formen.

Kommt ein Vogel geflogen…

Größe 33 x 19 cm
Zubehör Vogel aus Federn, Papier, Trockenpflanzen

185

Spannenlanger Hansel...

Größe 32 x 30 cm
Zubehör Ast (Baumstamm), Jutegewebe, Bindfaden, Puppenhaar, Stoff, Besatzborte, Trockenpflanzen

Unter dem Jutesack befindet sich ebenfalls Salzteig, um dem Hansel durch diese Verbindung zur Baumkrone mehr Halt zu geben.

186

Morgens früh um sieben…

Größe 33 x 19 cm
Zubehör Holzleiste (Messer), Silberdraht (Wecker), Körbchen, Zahnstocherspitze und Feder (Rabe), Hanf, Stoffflicken, Schleifchen, feine Trockenpflanzen

Es ist ratsam, die Karotten aus gefärbtem Teig zu formen, um sich das mühsame Anmalen jeder einzelnen Karotte zu ersparen. Bei dieser Arbeit sieht man gut, wie man aus einem Körbchen zwei macht.

Dickmadam

Größe 31 x 24 cm
Zubehör Holzeisenbahn, Holzplatte, Trachtenhut, Tüll, Seidenblumen, Silberdraht (Schirm), Schlingenbesatz, Silberborte, Wäschespitze, Minipilze, Trockenpflanzen

Bei diesem Motiv wird das Spruchband aus Holz gefertigt und zum Schluß angeklebt. Vor dem Beschriften muß man das Holz lackieren, damit die Farbe nicht auseinanderläuft. Das Kleid wird besonders schwungvoll in Falten gelegt.

Märchen und Phantasie

Prinzessin auf der Erbse

Größe 30 x 28 cm
Zubehör Silberdraht, Lurexstoff und -garn, Watte, Silberborte und breite Borte mit Gold, Silberpailletten in Muschelform, Dekoperlenkette, Perlkappe, Gardinenstoff, getrocknete Erbse, Puppenhaar.

Die Matratzen werden aus verschieden eingefärbten Teigplatten mit unterschiedlicher Dicke ausgeschnitten, gut befeuchtet und übereinandergelegt. In diesen Aufbau wird eine Aufhängung für den Vorhang aus gebogenem Draht gesteckt. Nach dem Backen bemalt man die Matratzen mit verschiedenen Mustern und beklebt nach dem Lackieren des Salzteiges den Drahtbogen mit Stoff und Borte.

Frau Holle

Größe 29 x 30 cm
Zubehör verschiedene Stoffe (Kissen, Häubchen, Vorhang), Puppenhaar, Spitze, Schlingenbesatz, Watte, Schneespray, Federn

Besonders dekorativ wirkt das Motiv durch die Farbgebung (Ton in Ton) und durch die Verwendung von Sprühfarbe. Die Lamellen der Fensterläden formt man zunächst separat durch das Eindrücken von zwei Holzleisten in eine Teigplatte. Nach dem Antrocknen werden sie ins Bild mit eingearbeitet. Zum Ausdekorieren bestreicht man die Salzteigwolken dünn mit Holzleim, klebt weit auseinandergezupfte Watte darüber und besprüht sie mit Schneespray. Kissen und Häubchen werden genäht, der Vorhang auf der Rückseite angeklebt und eventuell passendes Papier hinterlegt. Das Kleid wird mit hellen Blümchen verziert.

Hänsel und Gretel

Größe 67 x 49 cm
Teig Grundteig
Farbe Plaka, Wasserfarbe, konzentrierter Kaffee (für Baumstämme), Klarlack, matt
Zubehör Holzklötzchen, Schrauben, Pattex (oder Ponal), Islandmoos, massive mit Leinen bezogene Rückwand, Bilderrahmen

BESONDERHEIT: Die hintere Baumgruppe und das Hexenhaus klebt man direkt auf die Bildrückwand.
Alle anderen Teile werden auf verschieden starke Holzklötzchen geleimt. Die Klötze mit den größeren Modellen werden auf die Rückwand geschraubt, die kleineren Teile werden mit den Klötzchen aufgeklebt.

190

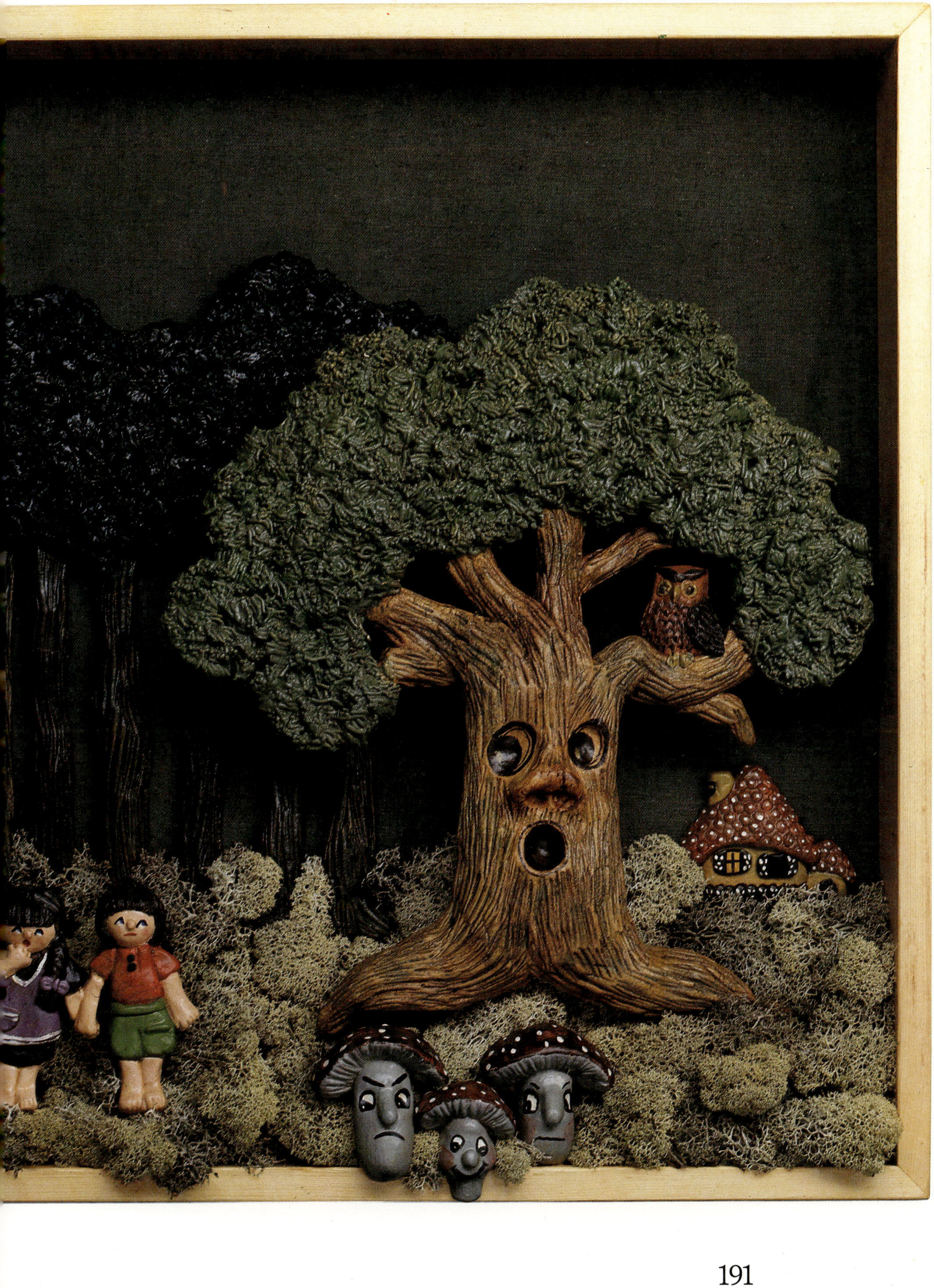

Rapunzel, laß dein Haar herunter!

Größe 29 x 31 cm
Zubehör Hanf, Samt, Besatzborte, Goldborte, Feder, Trockenpflanzen

Den Turm modelliert man halbrund, am besten wird er hohl über Korken getrocknet. Die Fugen werden vorher perspektivisch eingeritzt und später nachgemalt. Für das Haar von Rapunzel wird ein langes Hanfbündel mit Hilfe der Klebepistole angeklebt, mit einem breit gezahnten Kamm in Form gebracht und als Zopf geflochten.

Die kleine Seejungfrau

Größe 30 x 28 cm
Zubehör Seepferdchen, Seestern, Muscheln, Puppenhaar, Silberborte, Lurexgarn, Paillette in Muschelform, Dekoperlenketten in verschiedenen Größen, Seesand, Trockenpflanzen

Für den Hintergrund wird blauer, grüner und weißer Teig marmoriert und als Platte ausgerollt. Mit der Kante einer Wellpappe erhält die Oberfläche eine bewegte Struktur. Nach dem Backen wird auf die entstandenen Erhebungen ganz wenig Silberfarbe gegeben. Für die Fischhaut verwendet man Metallicfarbe. Den feinen Seesand streut man beim letzten Lackanstrich auf den feuchten Lack, die anderen kleinen Dinge klebt man nach dem Antrocknen des Lackes fest. Zur Darstellung der Luftblasen verwendet man Perlen von perlmuttfarbenen Dekoketten. Das Haar soll besonders lockig fallen.

Schlaraffenland

Größe 32 x 29 cm
Zubehör Äste (Baumstämme), Rundhölzchen, Holzleiste, Draht (Aufhängung und Schweineringelschwänzchen), Besatzborte, Schleifenband, kleiner Perlenschmuck, Trockenpflanzen

Die Würstchen für den Zaun werden einzeln geformt, getrocknet, bemalt und an die Holzleiste geklebt. Lutscher, Eis und Kuchen für den „süßen Baum", Brot und Hähnchen für den „herzhaften Baum" werden am besten gesondert geformt und getrocknet. Ein sehr natürliches Aussehen ergibt sich bei gebratenen Teilen durch die Verwendung von wäßrig aufgetragener Seidenmalfarbe. Mit sehr dünnem Draht kann man besondere Leckerbissen an der Baumkrone schweben lassen (in den weichen Teig stecken).

Gänseliesel

Größe 23 x 17 cm
Zubehör Holzstöckchen, Schaschlikspieße, Körbchen, Stoff, Spitze, Puppenhaar, Federn, Trockenpflanzen

Als Schnäbel für die Gänse verwendet man die Spitzen von Holzspießchen oder aber auch dikkeren Draht: aus Salzteig wären sie zu zerbrechlich. Das Stöckchen soll mitgebacken werden, wobei es nicht zu dünn sein darf, damit es beim Backen nicht zu spröde wird. Als Stoff eignet sich kleingemusterter Trachtenstoff.

Abrakadabra

Größe 21 x 45 cm
Zubehör Rundstab, Stoff mit Sternchenmuster, Zylinder, Tüll, Flittersternchen, Pailletten in Sternform, schwarzer Pappkarton, Trockenpflanzen

Der Umhang des Zauberers wird auf der Rückseite der Figur festgeklebt. Den spitzen Zauberhut bastelt man aus Karton und beklebt ihn mit Flittersternchen, ebenso die Sockelplatte. Beim Anbringen der Aufhängeösen muß man bereits den Umhang berücksichtigen und sie weiter herausstehen lassen.

Teufel

Größe 24 x 28 cm
Zubehör schwarzes Fell, Dreizack, Kohleanzünder

Die feurigen Kohlen stellt man her, indem man Kohleanzünder zerschneidet und mit roter und schwarzer Sprühfarbe ansprüht. Der Dreizack wird mitgebacken, das Fell nach dem Lackieren angeklebt.

Die kleine Hexe

Größe 15 x 22 cm
Zubehör Holzstöckchen, feine trockene Halme und Draht (Besen), Stoff, rote Wolle, Feder

Der Besenstiel muß mitgebacken werden, das rechte Bein der Hexe wird unter ihn, das linke darüber gelegt, so daß er guten Halt hat. Der Rabe wird direkt an den Stiel modelliert. Den Rand des Kleides braucht man nicht glatt abzuschneiden, er kann bei einer Hexe ruhig ausgefranst aussehen. Als Haare läßt man rote Wolle unter einem Kopftuch hervorschauen.

Moderne Zeiten

Größe 30 x 20 cm
Zubehör schwarzes Motorrad, Stoff, Satinbändchen, Hanf, Federn, Holzleisten, Trockenpflanzen

Um der flotten Hexe genügend Halt zu geben, muß der Sockel breit genug ausgerollt, das Motorrad daraufgedrückt und Hexe samt Katze aufmodelliert werden. Das Schild mit den Raben klebt man zum Schluß an die Rückseite der fertigen Arbeit.

Schwebender Pierrot

Größe 16 x 15 cm
Zubehör Draht, Pompons, Halskrause, Seidenrose

Das Schirmchen des Pierrots wird in einem Holzschälchen vorgeformt, gebacken (eine Hälfte) und dann die Figur anmodelliert. Typisch für den Pierrot: eine Träne auf der Wange und eine rote Rose in der Hand.

Hundedressur

Größe 23 x 33 cm
Zubehör Draht (Reifen), Goldperlen, Brokatborte, Tüll, schwarzer Pelz

Der Sockel muß für den Hund hoch genug ausgewalzt werden.

Clown auf Reisen

Größe 20 x 56 cm
Zubehör Korb, Bindfaden, Trachtenhut,
schwarze Pompons, Stoff (Halskrause)

Ballon und Figur werden getrennt modelliert, das halbierte Körbchen wird mitgebacken. Beim Ankleben der Seile muß darauf geachtet werden, daß Korb und Passagier im Gleichgewicht bleiben. Die Bindfäden werden an der Unterseite des Korbes zusammengeflochten und verknotet.

Seehund

Größe 19 x 17 cm

Die Farben des Balles sollen sehr leuchtend sein und sorgfältig aufgetragen werden.

Löwe

Größe 10 x 19 cm
Zubehör Pelz

Trommel kaputt!

Größe ⌀ 15 cm
Zubehör Rundstäbe, Wattekugeln, Seidenblume

Das zerrissene Trommelfell wird dargestellt, indem der Teig von der Mitte aus nach außen eingeritzt, mit dem Messer als dünne Schicht vorsichtig herausgehoben und umgeschlagen wird. Um die Vertiefung noch zu betonen, malt man das Loch schwarz an.

Hoppla hopp!

Größe 23 x 30 cm
Zubehör Draht, zweifarbig gestreifter Stoff, Borte, Satinband, Schleifenband, Flittersternchen, Filz

Um das Zirkusdach plastisch hervortreten zu lassen, wird ein halbkreisförmig gebogener Draht mit den Enden in den frischen Teig eingearbeitet. Nach Backen, Bemalen und Lackieren klebt man den Stoff und die Borte an.

Dressierte Äffchen

Größe 21 x 12 cm
Zubehör kleines Dreirädchen, Stoff, Dekoperlenkette, Zylinder mit Blüten, Moos

Es ist nur ein Backvorgang nötig für Sockel, Figuren und Rad.

Gewichtheber

Größe 26 x 26 cm
Zubehör Rundstab, Moos

Die Gewichte, die der Muskelmann gerade stemmt, werden mit dem Stab vorgebacken. Beim Modellieren des Gewichthebers wird er ihm in die Hände gegeben und an seiner Brust abgestützt.

Seilakrobaten

Größe 30 x 34 cm
Zubehör Holzplatte, gestreifter Stoff, Lurexband, Bindfaden, Silber- und Brokatborte, Perlkappen, Paillette in Blattform, Straßsteinchen

Die Zirkusartisten sind nur durch das Seil mit dem übrigen Teil verbunden, so daß sie frei schaukeln können. Die Seile sollen mitgebacken werden, müssen aber weit genug ins Zirkusdach eingearbeitet sein. Bei diesem Thema eignen sich besonders gut Metallicfarben für Trikots und Schuhe. Die Artisten sollen schlank geformt sein.

Jongleure

Größe 30 x 29 cm
Zubehör Reifen, Kunststoffteller, Rundstab, Tüll, Besatzborte, Paillette in Blumenform, Moos

Der Holzstab und die Reifen der Zirkuskünstler werden mitgebacken, die roten Teller müssen später angeklebt werden, damit sie in der Backofenhitze nicht aufweichen. Schimmernde Farben und Verzierungen runden das Bild ab.

Schachspiel

Größe 22 x 22 cm, Figuren 2,5–4cm
Teig Kachelteig für Schachbrett, Grundteig für Figuren
Farbe Deckweiß (für Schachbrett), Klarlack, matt
Zubehör Holzleiste für Rahmen, Korkmatte für Brett

Die 32 Figuren des Schachspiels bekommen als Unterbau einen kleinen Sockel.
Bei den Bauern wird auf den getrockneten Sockel ein kleiner Kegel gesetzt, der wieder trocknen muß, ehe man eine kleine Teigkugel auf die Spitze setzen kann. (Die Springer sehen ähnlich aus, sie sind nur größer.)
Auch alle anderen Figuren werden Schritt für Schritt aufgebaut.
Die Gestaltung erfordert Fingerfertigkeit, Geduld und Ausdauer. Aber die Mühe lohnt sich, da die Figuren massiv sind, und man mit ihnen wirklich spielen kann.
Das Spielbrett ist eine im Ofen gebräunte Kachel. Mit Lineal und Bleistift werden die Felder aufgezeichnet und teilweise mit Deckweiß bemalt.

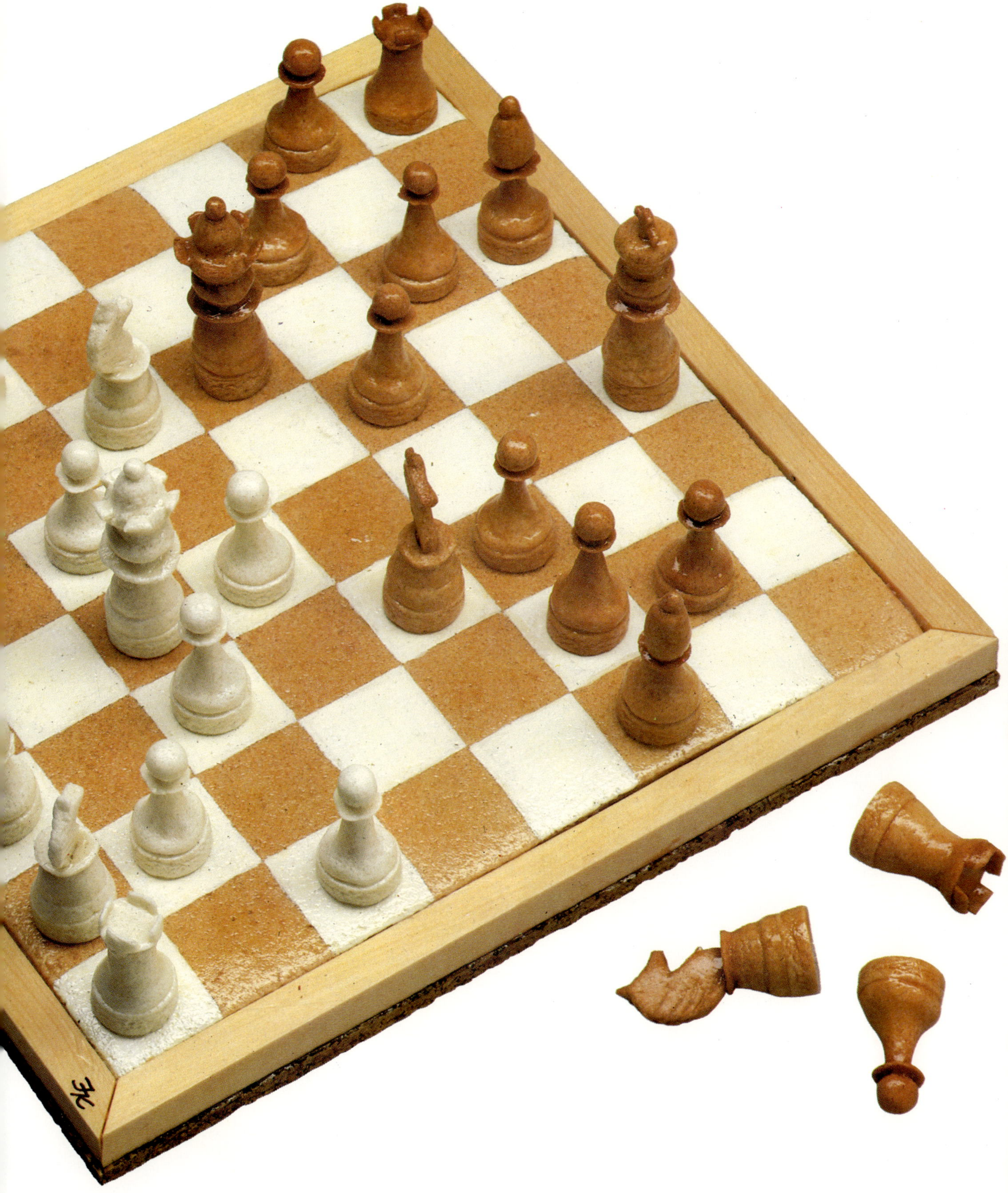

Weihnachtskrippe

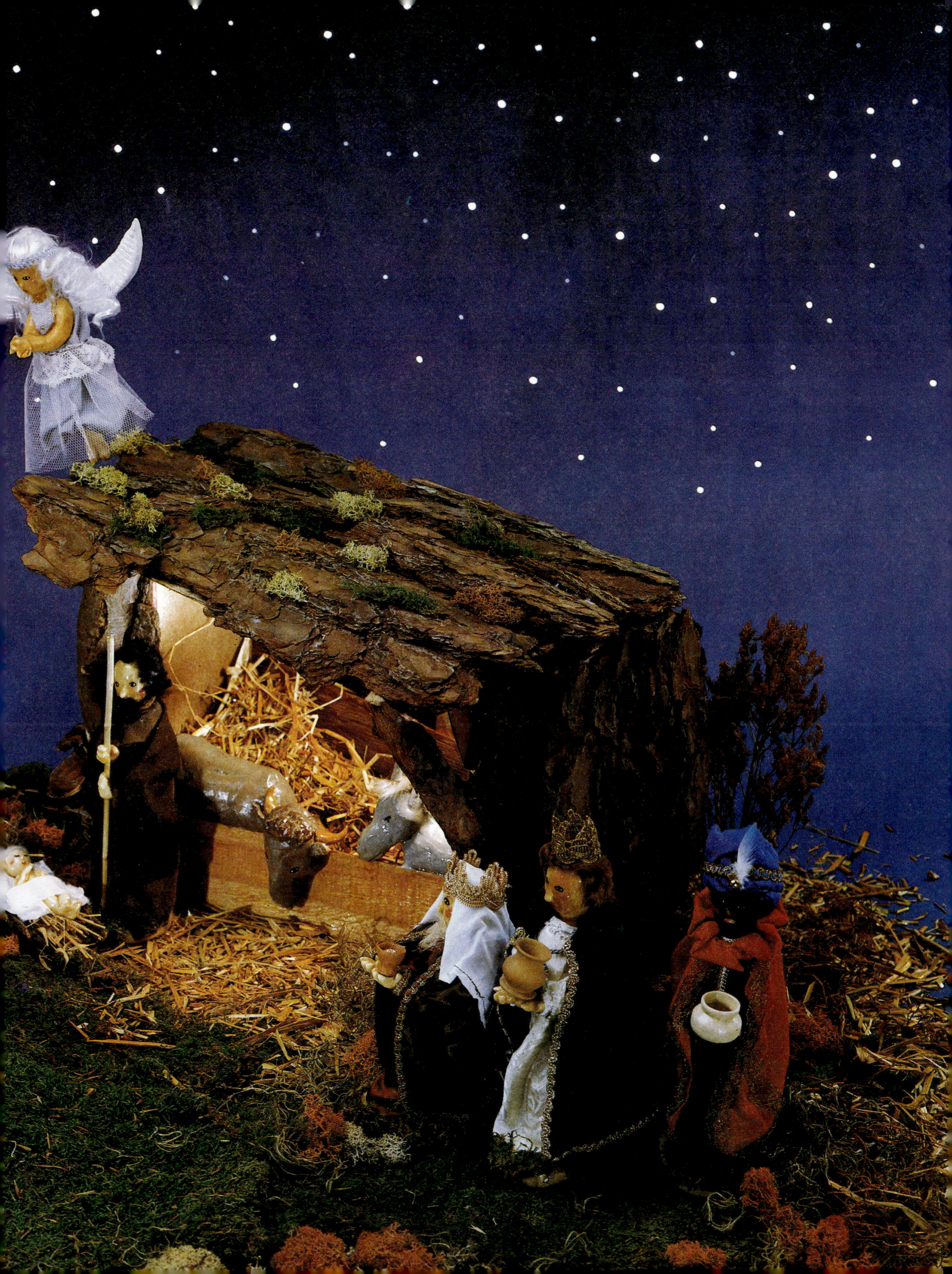

Krippenfiguren

Die Figuren der Krippe sind circa 16–23 cm groß. Damit die stehenden Personen im weichen Rohzustand nicht unter ihrem Eigengewicht zusammensinken, müssen sie schrittweise gebacken werden.

Zuerst modelliert man die eine Körperhälfte der Figur in seiner einfachen Grundform samt Arm und Bein und backt sie liegend an, bis sie eine gewisse Festigkeit erreicht hat. Dann wird sie gut angefeuchtet, die zweite Körperhälfte entsprechend angeformt und weitergebacken. Eventuell entstandene Nähte schleift man ab.

Damit die Figuren später stehen können, erhalten sie einen Sockel. Hierfür rollt man eine kleine Teigplatte aus, feuchtet die Unterseite der gebackenen Figur gut an und drückt sie in den Sockel. Man backt ein drittes Mal. Die Figuren erhalten jetzt ihre Bemalung und danach mehrere Klarlackschichten zum Schutz vor Luftfeuchtigkeit. Dabei darf man auch den Sockel und seine Unterseite nicht vergessen. Wenn der Anstrich gut getrocknet ist, klebt man Filz darunter und Moos darauf.

Bei den Schafen schiebt man vier Rundstäbe als Beine in den Körper und stellt sie nach dem ersten Anbacken ebenfalls auf einen Sockel. Wollplüsch sorgt für einen dichten Pelz. Ochs und Esel werden hinter eine Holzplatte modelliert. Sind die Figuren fertig gebacken, bemalt und gründlich lackiert, kann man mit dem Ausgestalten beginnen.

Die Drei Könige

Ihrer Abstammung entsprechend wird für die Könige sehr edles und farbenprächtiges Material verwendet: Samt, Satin, Seide, Goldbrokat, Lurex. Zuerst erhalten sie ein Untergewand, darüber wird mit Kleber oder ein paar Nadelstichen ein üppig fallender und kostbar geschmückter Umhang befestigt. Die orientalischen Kopfbedeckungen lassen keinen Zweifel an ihrer Herkunft aufkommen.

Engel

Sehr helle Farben, zarte Spitzen und Tüll, besonders aber das weiße Engelhaar geben der Figur ihre Leichtigkeit. Die Flügel bestehen ebenfalls aus Salzteig und werden weiß angemalt. Der Engel erhält keinen Standsockel: er wird in eine Drahtschlaufe gesteckt, die man vorher am Stalldach befestigt.

Hirten

Auch die beiden Hirten erhalten einen Sockel. Der Baumstamm, an den sich der sitzende lehnt, wird gleich mitgebacken. Bei der Kleidung ist darauf zu achten, daß wollige und grobe Stoffe und Materialien gewählt werden.

Maria

Sie erhält ein hellblaues Untergewand, einen dunkelblauen Umhang und einen verzierten Schleier. Maria wird in kniender Haltung auf einen Sockel modelliert. Da die Figuren vollplastisch und von allen Seiten gut zu sehen sind, muß man rundherum allen Einzelheiten Beachtung schenken.

Joseph

Er trägt einen Bart aus feiner Wolle, ein dunkles Unter- und Obergewand und einen langen Holzstab, der mitgebacken werden sollte.

Jesuskind

Das Kind wird als Ganzes geformt und liegend gebacken. Danach wird es bemalt, lackiert und auf eine mit Stroh gefüllte Rinde gebettet.

Im Bassermann-Programm sind unter anderem auch folgende Titel erschienen:
„Das große Buch unserer beliebtesten Volkslieder" (Nr. 0001)
„Das neue große farbige Lexikon" (Nr. 0002)
„Köstlich kochen jeden Tag" (Nr. 0003)

Das Nachbilden der Modelle ist ausschließlich zum privaten Gebrauch gestattet.
Alle in diesem Buch veröffentlichten Abbildungen beziehungsweise Modelle sind urheberrechtlich geschützt und dürfen nur mit ausdrücklicher Genehmigung des Verlages oder der Autoren gewerblich genutzt oder ausgewertet werden.

CIP-Titelaufnahme der Deutschen Bibliothek

Gestalten mit Salzteig / unter Mitarb. von Gabriele Cilliari ...
Niedernhausen/Ts.: Bassermann, 1988
ISBN 3-8094-0005-X
NE: Cilliari, Gabriele [Mitverf.]

ISBN 3 8094 0005 X

Genehmigte Ausgabe für Bassermann'sche Verlagsbuchhandlung
Nachdruck verboten
© der Originalausgabe 1983/1988
Falken-Verlag GmbH, 6272 Niedernhausen/Ts.
Titelbilder und Fotos: Photo-Design-Studio Gerhard Burock, Wiesbaden-Naurod
Die Ratschläge in diesem Buch sind von Autor und Verlag sorgfältig erwogen und geprüft, dennoch kann eine Garantie nicht übernommen werden. Eine Haftung des Autors bzw. des Verlages und seiner Beauftragten für Personen-, Sach- und Vermögensschäden ist ausgeschlossen.
Gesamtherstellung: Ernst Uhl, Radolfzell

817 2635 4453 6271